U0940589

别输在不懂沟通

范晟晟 编著

南京出版传媒集团
南京出版社

图书在版编目（CIP）数据

别输在不懂沟通 / 范晟晟编著. —南京：南京出版社，2018.5

ISBN 978-7-5533-2184-4

Ⅰ. ①别… Ⅱ. ①范… Ⅲ. ①口才学－通俗读物 Ⅳ. ①H019-49

中国版本图书馆CIP数据核字（2018）第060925号

书　　名：别输在不懂沟通
作　　者：范晟晟
出版发行：南京出版传媒集团
南 京 出 版 社

社址：南京市太平门街53号　　**邮编**：210016
网址：http://www.njcbs.cn　　**电子信箱**：njcbs1988@163.com
天猫1店：https://njcbcmjtts.tmall.com　**天猫2店**：https://nanjingchubanshets.tmall.com
联系电话：025-83283893、83283864（营销）025-83112257（编务）

出 版 人：项晓宁
出 品 人：卢海鸣
责任编辑：严行健
装帧设计：周　正
责任印制：杨福彬

策　　划：（www.rzbook.com）
印　　刷：文畅阁印刷有限公司
开　　本：710毫米×1000毫米　1/16
印　　张：16
字　　数：160千字
版　　次：2018年5月第1版
印　　次：2021年5月第3次印刷
书　　号：ISBN 978-7-5533-2184-4
定　　价：49.00元

营销分类：励志

前言

你想不想一张嘴就语惊四座？你想不想一开口就俘获他人的心？你想不想什么都不说，只靠简单的表情就赢得别人的好感？你想不想从一个平平凡凡的小老百姓变成一位出类拔萃的成功人士？那么，请抽空学点儿沟通的技巧吧！

石油大王洛克菲勒说：“假如人际沟通能力也是同糖或咖啡一样的商品的话,我愿意付出比太阳底下任何东西都珍贵的价格购买这种能力。”柯达之父乔治·伊斯曼也说：“人生的幸福就是人际关系的幸福，人生的成功就是人际沟通的成功。”国内的企业家将此概括为：“山高人为峰，沟通赢天下。”可见，沟通是一种十分重要的能力，是我们立足于这个社会必须掌握的一种技能。的确，随着社会的高速发展，人际交往已经越来越重要。可以说，没有沟通，个人就难以生存；不会沟通，个人就难以发展。

为什么销售精英总能让人们高兴地掏钱购买他们推销的产品？为什

么谈判高手总能化干戈为玉帛，化腐朽为神奇？为什么演讲大师总能获得听众的连连赞叹？因为他们都是沟通高手，能在自己擅长的领域里驰骋自如。

而现实生活中的我们,往往因为缺乏沟通的技巧,在与他人打交道时，总会显得束手束脚甚至举步维艰。是啊，面对陌生人时，我们常因不知聊什么话题而陷入尴尬；面对职场中形形色色的人，我们会因不谙沟通之道而让自己陷入各种危机中；在寻求他人帮助的时候，我们会因不知道怎样开口而失去一次次的机会；在与亲朋好友的日常接触中，我们总是因沟通不善而生出间隙和误解……因此，我们迫切需要学习沟通的技巧，使我们的工作得心应手，生活美满幸福。

那么，沟通的技巧有哪些？它们很难掌握吗？幸运的是，已经有很多人就这个问题、在这个领域进行了长期的耕耘和探索，总结出了大量理论和实践经验。本书正是在借鉴这些经验的基础上，结合当下人们的生存现状而编写的。它从沟通中的语言艺术、行为艺术、媒介艺术等角度进行阐述，内容涵盖了生活、学习、工作各个方面。

如果说沟通是人类必修的交往技巧，那么《别输在不懂沟通》一书则是奉献给广大读者最超值的人际大礼包。希望本书能帮助读者朋友们找到成功沟通的突破口，使你在与他人的沟通中不断进步，走向成功的巅峰！

C·O·N·T·E·N·T·S

目 录

第三章 掌握分寸稳拿捏，注意禁忌避嫌疑

第四章 不同人要不同待，看客下菜巧安排

第五章 成功演讲有技巧，慷慨激昂燃激情

第六章 恩威并举巧变通，嘘寒问暖两相亲

第十章 好的形象会说话，此时无声胜有声

第十一章 交流灵活不树敌，同事沟通要融洽

第十二章 上通下达巧游弋，沟通领导要谨慎

第一章

妙语连珠放光彩，巧妙沟通赢人心

俗话说，“说得好不如说得巧”“良言一句三冬暖”。人际交往的关键是会说话，说话不仅要体现出真诚，更要表现出说话的艺术。

说话既是一门艺术，也是一门学问，说得好必然能有效地沟通，说得不好肯定无法打动别人。说到别人心窝里的话才能更容易打动别人，也会增加人际交往的魅力。

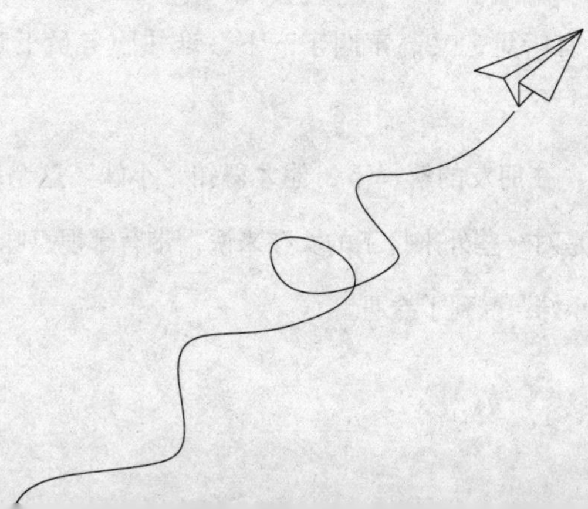

“老总”还是“老大”，称呼中的玄机

好的称呼会让人如沐春风，
心情也随之明媚起来；
不好的称呼会让人如鲠在喉，
心情也会随之黯然。

人际交往中，称呼是一个重要的细节，恰当地称呼别人，才能构建和谐的人际关系。有的人没有考虑到这一点，交谈中容易引起别人的反感，莫名其妙地就把人得罪了。

陈先生到广州出差，和朋友去一家餐厅吃饭，因为习惯，他随口喊道：“小妹，给我们拿点儿纸巾。”让他没想到的是，不仅服务员迟迟不动，周围所有的人都以不屑的眼光看着他。陈先生以为服务员没有听见，又高声叫了一下，谁知服务员干脆走开，再也不搭理他了。

后来，在朋友的解释下，他才得知“小妹”这个称呼在广州很敏感，特别是对一些外来打工的女孩来说，带有鄙视意味，难怪陈先生称呼人家“小妹”受到了冷遇。

既然称呼如此重要，在日常生活中我们就一定要注意，避免信口开河。

在一家大型商场里，一位女顾客正在选购上衣。导购员不厌其烦、笑容满面地让她试穿了几件后，她终于挑中了一件，决定购买。导购员将开好的付款单递给她，笑吟吟地说了句："阿姨，你的裙子真好看，在哪里买的？"结果女顾客眼睛一斜，说："你叫谁阿姨？"说完转身就离开了。这个导购员的服务态度和工作水平都很高，但是，就因为一个小小的称呼，一单生意就这样毁了。

对现代人来说，年龄是一个很敏感的话题，尤其是女性，最忌讳别人说自己老。那位女顾客的实际年龄或许真称得上是导购员的阿姨，但是，直接喊出来还是会让她觉得刺耳，索性连挑好的衣服也不要了。所以，对不认识的长者，一定要注意称谓。尽可能地为对方考虑，让对方耳根舒服，这样，交流才会很顺畅。

在工作场合，称呼就更显得重要。对同事而言，最好不要直呼其名，也不要过分亲昵，更不要擅自做主替人家起绰号。称呼上级和领导要区分不同的场合。私下里，可以对女性上级称呼"姐"，男性上级称呼"哥"，甚至称呼"老大"，这样会显得亲切，便于双方坦率地沟通，还能增进感情，一般性情友善的领导都会喜欢这种称呼。但是，在正式场合中，一定要用正式称呼，否则就会给你带来不利影响。

张力大学刚毕业，在一家公司市场部任职。他的部门负责人是徐总监，张力平时有事去请示的时候都称呼总监为“老大”。一天，老板来部门视察，并召开了一个小型的会议。当轮到张力发言的时候，张力习惯性地又称呼总监为“老大”，这让老板和总监当时的脸色很难看。当老板视察完后，总监便不再给张力好脸色看。

自此以后，虽然张力表现不错，但是一直没有得到公司的重用。原来，公司老板一直怀疑徐总监的能力太强会对自己有威胁，而张力在正式场合对总监的称呼让老板和总监都不满意，所以，张力受到冷落也是必然的了。

随着社会的发展，称呼也会发生日新月异的变化，巧妙地称呼他人，不仅会拉近人与人之间的距离，还能让自己在沟通中游刃有余。我们要根据对方的年龄、职业、地位等一系列因素选择恰当的称呼，同时，还要注意说话的场合，避免因称呼不当带来负面影响。

妙用修辞，语出惊人

/

子曰：“言之无文，行而不远。”
对说话而言，如果能够通过合适的修辞增加辞令和文采，
那么一定会给沟通带来一片新天地。

/

修辞是一种高超的表达技巧，恰当地运用修辞，会增加语言的魅力，收到独特的效果。

1920年的一次会议上，苏联著名教育家加里宁做了工作报告。他的报告得到了大家的认可，赢得了大家的信赖。

有些对工农联盟的重要性不甚理解的农民认真地向加里宁提了这样一个问题：“对苏维埃政权来说，是工人更珍贵还是农民更珍贵呢？”加里宁听出了农民的顾虑，便微笑着提高嗓音反问道：“对一个人来说什么更珍贵呢，是左腿还是右腿？”农民们听了以后都欢呼起来，掌声经久不息。

加里宁以左右腿的“珍贵对比”来比喻“工农联盟”，形象生动地反映出工农联盟的本质，既表明了政府的态度，又避免了小人钻空子。试想一下，如果加里宁用左右手做对比，就很容易引起别人的误会，因

为生活中大部分人都习惯用右手，而左右腿的作用几乎对每个人来说都是同等重要的。由此可见，在沟通中，一个恰到好处的修辞，既容易让人理解，又容易化解麻烦。

妙用修辞，能让自己的意思得到更艺术的表达。修辞的力量在任何时候都是强大的，善于运用修辞的人，其语言自有无穷的魅力。

林黛玉作为《红楼梦》中主要的艺术形象，不仅给人们留下了深刻印象，更成为我国小说人物的经典代表。她的一颦一笑吸引人，她的语言更吸引人。下面，就让我们看看她是怎么运用修辞的。

第三十四回中宝钗因薛蟠的事情流泪，到房里整整哭了一夜。次日早起来，也无心梳洗，胡乱整理整理，便出来瞧母亲。碰巧遇见林黛玉一个人站在花荫之下，问她哪里去。薛宝钗说“家去”，口里说着，便只管走。黛玉见她无精打采地去了，又见眼上有哭泣之状，大非往日可比，便在后面笑道：“姐姐也自保重些儿，就是哭出两缸眼泪来，也医不好棒疮。”

黛玉用“哭出两缸眼泪”夸张地形容宝钗的伤心程度，也暗含了奚落、讽刺的意味。她是个“刀子嘴豆腐心”，有什么就说什么，而且言语往往有些“尖酸刻薄”，这体现了她性格中率直的一面。

擅用修辞，不但对沟通有很大的帮助，而且能体现出一个人的素养和内涵。很多人在面对陌生人的时候会感到手足无措，不知道该说什么好，其实，这个时候我们就可以运用一下修辞的艺术。

小春刚毕业，还没有找到合适的工作。一个周末，他去姐姐家玩，正好碰上姐姐的同学小红来访。在姐姐做饭的时候，小春和小红交谈了起来。小春的个性很开朗，而小红比较含蓄，所以小春说得很多。当小春说到自己读大学的地方是“一年只刮两次风，一次是半年”时，小红忍不住大笑起来。她认为小春的表达能力很好，而自己工作的公司正需要一个主持人才，于是便把小春介绍过去。小春果然不负众望，做得非常出色。

用好修辞会很容易引起别人的注意。在沟通中，我们一定要把握住这个精良的武器，让自己迅速吸引别人的注意，赢得别人的好感。

幽默，交谈的最高境界

/
幽默是一种智慧的表达，
它既彰显了说者的聪明才智，
又让听者开心愉快。
它是交谈的最高境界，是最有效的沟通手段。
掌握了幽默，也就掌握了一门伟大的艺术！
/

词典里将幽默定义为“幽默感、诙谐”和“引起愉悦、大笑的东西”，幽默是能给人带来快感的一种表达方式，英、美等国家将幽默感作为衡量一个人是否有良好修养的表现。如果一个受过良好教育的人被说成“没有幽默感”，那无异于说他“三等残疾”“文盲”，甚至“无知”。难怪有人认为：“对一个男人而言，他宁愿承认自己装了假牙或者戴了假发等，他也不愿意承认自己缺乏幽默感。”由此可见人们对幽默的看重。以下这个故事也说明了这一点。

在某个异国餐厅，几位食客对一杯啤酒中的苍蝇做出了不同的反应：

英国人以一贯的绅士风度吩咐侍者：“请帮我换一杯啤酒！”

日本人则叫来了餐厅经理，并训斥他说：“你们这样还能做生意吗？我下次一定不会来了。”

中国人则默默地把意见写进餐厅的意见簿。

沙特阿拉伯人把侍者叫来，然后把啤酒递给他说："我请你喝下这杯酒。"

美国人看着眼前的情景，对侍者微笑着说："我建议你们以后把啤酒和苍蝇分开放，让喜欢苍蝇的客人自己混合，你觉得这个建议怎么样？"

幽默不仅能给自己和他人带来欢笑，还能巧妙地化解尴尬。幽默是交际场合的润滑剂，不但能给别人一个台阶，而且会显示出自己的大度。

有一天，萧伯纳在街上走的时候，突然被一个骑自行车的冒失鬼撞倒在地，他爬了起来，看到自己并没有受伤，只是衣服被刮破了一点儿。骑车的人看到这个情形也松了一口气，但还是急忙道歉。萧伯纳充满惋惜地说："先生，你的运气不佳，如果你这次不小心把我撞死了，那么你就可以名扬四海了！"

还有 ·次，萧伯纳因脊椎病去医院检查。医生说："我想到了一个办法可以根治你的脊椎病，可以从你身上其他部位取下一块骨头来代替那块坏了的脊椎骨，这样就不用那么麻烦地吃药了。只需要一个手术而已，但是这个手术对我们而言是一个巨大的挑战，因为这种手术我们从来没有尝试过，所以相对而言有些难度，而且手术的过程中你也要承受巨大的痛苦。因为这个手术史无前例，所以在收费上我们也要高点儿，不会等同于一般的手术。”

萧伯纳听了医生的介绍后，淡淡地一笑说：“好呀！不过请告诉我，你们打算付给我多少手术试验费？”

一个很棘手的问题被萧伯纳的一句话极其巧妙地处理了，避免了不愉快的争执。这就是幽默所带来的效果！

幽默与智慧同行，交际场合中具有幽默感的人会让人感觉聪明灵活，会给人留下深刻的印象。现实生活中，懂得运用幽默的人往往会更有魅力，同时也能让复杂棘手的事情迎刃而解。

人与人交往最重要的目的无非是想让别人接受自己。如果不能够给别人惊喜或者意外，那么想让别人记住自己恐怕很难。而幽默是打开别人心房的一把钥匙，也是交际场合的一种常用手法，懂得幽默的人必然会受到别人的欢迎。让我们成功地驾驭幽默，达到交谈的最高境界吧。

俗谚俚语，入木三分

/
生活中总有一些“闪亮”的语句让我们感到“惊艳”。
它们经过岁月的打磨，
不断地沉淀，像一壶老酒，越发耐人寻味。
/

俗谚、俚语，是人类在长期的生活实践中总结、提炼出来的，它们精辟简练，蕴涵着深刻的生活哲理，闪耀着智慧的光芒。如果我们能在沟通中恰当地运用它们，就会大大增强语言的表现力。

刘欣是某跨国公司的公关总监，她每天除了要应对众多的客户之外，还要管理公关部的职员。有一次公司开产品交流会，公关部从别的部门借调来了小王，虽然之前彼此之间有过合作，但要想合作默契还需要磨合。

一天早上，刘欣刚进办公室就看见小王在埋怨客户刁难，言语间充满了懊丧。原来因为小王的失误造成了客户的误解。刘欣像往常一样整理自己的桌子，然后，她故意路过小王身边，拍着他的肩膀说：“人有失手，马有失蹄，猴子也有从树上掉下来的时候，何必为一次失误耿耿于怀呢？你现在要做的是想办法尽快获得客户的谅解，而不是在这懊悔和抱怨。”小王听后，不好意思地笑了。从那以后，小王踏踏实实地做好每一项工作，认真和刘欣做好配合，把产品交流会搞得非常成功。刘欣本人也赢得了下属们的尊敬。

刘欣运用形象生动的俚语鼓舞了小王，让小王摆脱了负面情绪，从而全心全意地做好工作。现实生活中，职场的管理者大都会积极地参加各种行业培训，以补充自己的知识，但是，他们往往忽视这些身边的智慧。如果领导在鼓励下属的时候多用些谚语、俚语，一定能很快化解对方的不满、尴尬等，从而营造出轻松的工作氛围。

运用俗谚、俚语是对文化的一种继承。如果我们在交流时多运用此技巧，必会让语言入木三分，从而获得良好的表达效果。这些语句虽然不华丽，但往往会给我们带来好运，带来真诚的回应。

恰当恭维，多谈对方得意的事

/
恭维是一种神奇的魔法，
它能让人身心愉悦，
在不知不觉中慢慢陶醉……
/

恭维是一种巧妙的交流手段，但恭维一定要真诚，否则就会马屁拍到马蹄上，适得其反。多从对方得意的事情谈起，就是一种真诚的恭维。这样既能体现对对方的了解，也能满足对方期望被赞美的心理需求。尤其是面对初次见面的朋友，如果能借势恭维，必然会带来好的效果。

杨经理是某公司人事部门的主管，他在给新来的员工讲授沟通经验时，最重要的一条就是懂得赞美别人，尽量谈及别人的优势或者感觉自豪的事情，这样能快速打开别人的心门，让别人更容易接受自己。这一条沟通秘诀是杨经理的经验之谈。

因为业务关系，杨经理经常接触台湾商人。有一位台湾女经理，人漂亮而且能干，但是平日里傲慢无礼，跟人说话时习惯眼睛往上看。一次，杨经理想向她了解点儿事情，看到她那傲慢的样子，决定换一种方式与她沟通。

因为当时大家一起去参加一个展会，所以杨经理主动走上前去跟那位女台商打招呼，相互交换名片后，杨经理说：“林小姐的名字真好听，里面大有学问。”

女经理有点儿惊讶地说：“我的名字有什么好的，叫林静玉的人多的是。”

杨经理笑着说：“你看你这么漂亮，跟林黛玉就差一个字，但是你比她活泼多了，而且你长得跟大明星林青霞有几分相似，但是你要比林青霞文静很多。更为可贵的是你比较有能力，是我们中间的佼佼者。”

女经理平日里自视清高的原因就是得意于自己的美貌和能力，而杨经理的话“切中要害”，自己得意的事情被人夸奖，自然喜形于色。她很快就和杨经理成了好朋友，他们成功地合作了许多项目。

在交谈中不经意谈起对方得意或者在意的事情是一把打开交际大门的钥匙，恰当的恭维在某种程度上是对他人的一种肯定，因为人们大都喜欢被人赞美。

在销售中，如果技巧得当，很有可能会促成买卖。

某服装店的老板善于洞察客户心理，不管是什么样的人到了店里，他都会让顾客买到合适的衣服满意离去。

一天，一位身材高挑的年轻女子来到店里，试穿了好几件衣服，都不太合适。老板在旁边观察了半天，就在女子准备离开的时候，他走了过去：“姑娘身材这么好，试衣服的时候挺胸抬头会更有气质，你这样高挑的身材真可以去当模特了。”原来他发现女子找不到合适的衣服不是因为店里的衣服不好，而是她在试穿衣服的时候习惯弓着腰，再加上不自信，没能体现出衣服的效果。年轻女子听了老板的话非常高兴，因为她一向以自己的身高而自豪。于是，她听从老板的建议，挺直了身子，穿着衣服重新走到了试衣镜前。这时镜中的女子气质优雅、大方、端庄，那些刚才还觉得不合适的衣服仿佛一下子变了样——穿起来都很合身，尽显曼妙的身材。

看到女子脸上露出的笑容，老板又趁热打铁地说：“我的眼光不错吧，你看你现在的样子，跟模特没有什么区别，自信方能体现出美丽。”

年轻女子愉快地说道：“刚才试穿的几件衣服我都要了，我觉得它们仿佛是为我量身定做的一样。”

自嘲，既博取同情又活跃气氛

/

自嘲是一种智慧，承载着敏锐和自信；

自嘲是一种气度，显示着潇洒和从容；

自嘲是一种骨气，象征着永远不被打倒的坚定情怀！

/

真诚、适时地恭维别人，不但会拉近彼此的距离，而且更容易赢得对方的信任。所以，要尽可能地睁大自己的双眼，发现对方“闪光”的地方，进行恰当的恭维，坚持这样做下去，一定会收获一片蔚蓝的天空。

“自嘲”就是用嘲讽的语言和口气戏弄、贬低或嘲笑自己。自嘲并非真正的自我轻视，而是为了调节气氛，因此，自嘲是交际场合不可或缺的技巧。

有人说不懂得自嘲的幽默家不是真正的幽默家。美国有句话说：“能笑自己的人，才有权利开他人玩笑。”自嘲有时候可以活跃氛围，可以博得他人的同情或者认可。

某著名女演员，身宽体胖，经常拿自己的体形开玩笑：“我不敢穿上白色游泳衣在海边游泳，我一去，飞过上空的美国空军一定会大为紧张，以为他们发现了古巴。”一句自嘲，并没有降低自己的品位，大家反而觉得这位胖女士有可爱的性格和豁达的心胸。

通过嘲笑自己的缺陷、缺点、遭遇等，可以使自己轻松地摆脱困境，为自己解围。自嘲是一种淡定而宽厚的心态。自嘲的人不但能够化解外界环境带给自己的压力，而且能在自嘲中放松自己的情绪，在博得他人一笑的时候，也博取了他人的同情。自嘲在生活与交际中的作用妙不可言。

首先，自嘲能化解心中的郁闷。人们在社会上经常会遇到一些不公正的待遇，或者会听到一些不合理的评价，在不适宜直接表达抗议和气愤时就可以用自嘲的方式把心中的不快吐出来，这样自己会好受很多。

有个大龄青年，相亲几次都以失败告终。邻居们看他几次相亲都不成，便有人说他眼光太高，太挑剔。他听到这样的言论只是笑了笑说：“你们看看我的样子，要相貌没有相貌，要个头儿没个头儿，家境也比较悲惨，还在贫穷中奋斗呢，我哪敢挑剔呀！”

这个回答既是自嘲，同时也是解释，指出了自己相亲失败的原因，从而达到了为自己辩解的目的。这样的自嘲比抗议和反击管用多了，既没有得罪别人，也体现了自己的大方。

其次，自嘲能使自己迅速摆脱窘境。交际中的人们很容易处于尴尬的境地，这个时候就要向自嘲求助。

美国的麦克阿瑟将军有一次去拜见总统杜鲁门。会见中，嗜烟如命的麦克阿瑟不由自主地拿出烟斗，装上烟丝，将烟斗叼在嘴里。在取出火柴准备点着烟斗时，他突然意识到杜鲁门已经停止了讲话，在盯着自己，于是停了下来，转过头说道："我想你不会介意我抽烟吧？"杜鲁门意识到这个时候说自己介意，会显得粗鲁和霸道，会让两人都难堪，但如果违心地说不介意，又跟自己刚才的行为表现不符。杜鲁门想了想说："没有关系，你抽吧，人们喷到我脸上的烟雾要比任何一个美国人脸上的烟雾多。"

难堪的事情没有发生，他语带双关的自嘲，借人们对他的政治攻击化解了尴尬的局面，既保护了麦克阿瑟的自尊心，也体现出了自己的大度，显示出高超的交际技巧。

再次，自嘲还能打破僵局。人际交往中难免会陷入两难的境地，此时可以用自嘲打破僵局。

有个女作家因为写作太累，在开会时竟然睡着了，鼾声大起，逗得与会者哈哈大笑。她醒来发觉大家都在笑自己。一位同仁说："身为一个女人，你居然能打出这么有水平的'呼噜'！"她立即接茬儿说："这可是我的家传秘方，高水平的还没有发挥出来呢。"于是，她的尴尬在大家的哄笑声中消弭于无形。

总而言之，自嘲是沟通中的秘密武器，有时甚至能扭转乾坤，让自己处于不败之地。聪明的你不妨一试。

谈话中的“温水煮青蛙”效应

/
细声慢语犹如春雨，丝丝渗入别人的心田；
态度和蔼仿若旭日东升，慢慢照亮对方的身心！
/

19世纪末美国康奈尔大学的科学家做了一个试验，把青蛙扔到热水里，青蛙马上就能跳出来。但如果水一开始是凉的，慢慢对水进行加热，青蛙就会在里面游得优哉游哉，即使温水它也不在乎，等到感到水热得难以忍受时，青蛙再想跳出来已经来不及了。试验结果表明，缓慢的改变因不易被察觉而更容易被人们接受。因此，交际中要想改变别人，也要巧妙利用“温水煮青蛙”效应，一步步地渗入别人的思想，这样通常容易让对方接受。

纽约格里利奇储蓄银行里有个叫詹姆士·艾巴森的出纳员。一天，他接待了一个客户，根据银行规定，所有客户在办理业务之前都要填一份表格。客户认真地填好了表格，但是拒绝提供两个以上直系亲属的信息。

如果银行的新职员遇到这种情况可能会直截了当地告诉客户亲属信息必须提供，因为银行有理由拒绝不配合的客户。但詹姆士·艾巴森没有那样做，他知道自己那样做虽然遵守了银行的规章制度，但也会因此而失去一个客户。

詹姆士·艾巴森看了客户的表格，对他说："先生，打扰一下，我有个问题想请教您，不知是否方便。"客户看了看他，然后点了点头。詹姆士·艾巴森说："请恕我冒昧，万一您存在我们银行的钱出了问题，而我们一时联系不上您，或者您不方便亲自前来，您愿不愿意让您的亲人帮我们联系您或者代替您本人来处理突发状况？"

客户考虑了一下，说道："我愿意。"

詹姆士·艾巴森接着说："还有，万一您突然发生意外，我是说万一，您愿不愿意让您的亲人们来取出您的这一大笔存款？"客户又点了点头。

詹姆士·艾巴森微笑着说："那么您需要提供详细的亲属信息，把这张表格填完整。"

客户听了点头答应，按照银行要求填好了自己的亲属关系。

生活中我们难免会遇到很棘手的事情——进一步就会让别人难堪，退一步也会让自己为难。这时候，想要说服别人听从自己的意见，首先要解除他的戒备心理。聪明的人会慢慢地深入别人的心里，让别人接受自己，进而改变主意。如果急于求成，反而会弄巧成拙。

第一次世界大战的时候，美国战略物资紧缺，负责为政府供应精细货物的美国国家银器公司任务很重，但公司的人员不断流失。总经理巴林非常着急，他找到人事总管询问情况："最近公司怎么人员流动那么大？”总管解释说：“其实也不能怪他们，人往高处走，他们只是想要找一份薪水更高的工作。”

巴林对总管的解释并不满意，他同时了解到，工厂还有数百名工人等着领完这个月的工资就离开。为了挽救工厂的生产，巴林决定找工人们谈一谈，了解他们的真实想法。

这天下班后，巴林把管理工人的主管们都打发走了，跟工人们进行了一次坦诚的交流。他这才明白，工人陆续离开的原因并不全是因为工资低，还因为公司有很多地方管理不当。工人们每天的劳动时间都是超负荷的，而且有时要连续几天晚上加夜班，伙食也不是很好，所以工人们希望找个更好的工作。

了解了这些情况之后，巴林向工人们承诺，会尽快改善他们的工作环境，改善他们的伙食及待遇。巴林还借势讲到了国家的为难之处，也分析了当前战争形势下就业艰难的情况，令很多工人打消了辞职的念头。

巴林后来回忆这件事情的时候说：“我觉得不能直接说我离不开他们，我要让他们明白我的努力的同时也了解自己的处境，这样他们才会慢慢地接受我的建议。”

让别人接受自己的意见或者建议很不容易，我们既不能急于求成也不能无所作为，最佳的方式就是从对方容易接受的一点开始，慢慢说服对方。“温水煮青蛙”是一个渐进的过程，也是一个从量变到质变的过程，交际场合运用好这个原理必能如鱼得水，增加自己的制胜砝码。

适当煽情，引起对方共鸣

/
煽情是一双动人的手，
轻轻弹奏出优美的旋律。
那旋律悠扬婉转，
如泣如诉，听者无不为之动容……
/

煽情就像一个万花筒，里面装有很多意想不到的东西。很多时候看似很僵的局面，如果运用煽情的方式，就会达到意想不到的效果。

24岁对一个年轻的姑娘而言，是一个美好的时期，但是对康妮而言却是悲剧人生的开始。这天，康妮走在大街上，被一辆突如其来的大卡车撞倒在地。当时因为突然冲出一辆车，卡车司机情急之下紧急刹车，卡车由于刹车太急而绕了个圈儿，将路过此地的康妮卷进了卡车轮，把她的四肢和骨盆全碾碎了。

康妮出事后，请詹妮芙做自己的代理律师。詹妮芙接手案子后进行了调查，她发现肇事车辆存在质量问题。这个型号的汽车在近五年内出车祸的次数高达50次，而且每次车祸都是因为紧急刹车时车子会在后部打转不能停下来造成的。随后，詹妮芙又弄到该公司卡车生产方面的全部技术资料，做好了打官司的充分准备。

汽车公司的代理律师提出要庭外和解，并交给詹妮芙一张10万美元的支票，当作是对康妮的赔偿。詹妮芙当即拒绝了汽车公司的建议和支票，并对律师说："你的赔偿距离我们的期望值太远，我们需要500万美元的赔偿。"双方僵持不下，只能再次走上法庭。

汽车公司的代理律师在法庭上做了精彩的辩护：他开始对康妮的遭遇表示深切的同情，然后指出事故跟汽车质量无关，而是康妮自己滑倒的结果，所以这起事故跟汽车公司没有任何关系。最后，他还说詹妮芙500万美元的要求是敲诈，法庭上的人们纷纷点头。

詹妮芙无疑看到了人们的反应，但她并不慌张，她说："康妮因为身体原因不能到庭，我作为她的代理律师代表她在庭上辩护，但是在我辩护之前，我请陪审员和在座的各位看一段录像。"詹妮芙拿出一卷录像带交给陪审团的成员，录像当庭播放，人们看到了康妮真实的生活状况：一个漂亮的金发姑娘，没有了腿和手，连基本的生活都不能自理，洗澡、吃饭都需要别人照顾，大小便也像婴儿一样需要别人帮忙。看到康妮的悲惨状况，很多人流出了眼泪，有人甚至哭出了声。詹妮芙借机说道："对一个24岁的姑娘而言，没有腿和手，即使给她500万美元又能怎样？她没有脚穿漂亮的鞋子，没有手戴戒指，即使有高级轿车和豪华别墅，会有人邀请她参加舞会吗？即使再多的钱也换不来她的快乐。"

詹妮芙接着对陪审员说：“请恕我冒昧，我想请问在座的诸位，如果有人给你们500万美元，你们愿意交换自己的手和脚吗？”法庭鸦雀无声，很多人都在默默流泪，接着就听见有人放声大哭，有人开口大骂……陪审团递给法官一张字条，请求法庭给予合理的判决。字条上面写着：“请问法庭是否允许判给康妮的赔偿费超过律师提出的请求？”

接着，法庭公布了审判结果：支持陪审团的意见，康妮应该得到600万美元的赔偿。

这笔赔偿成为纽约有史以来因为人体伤害而得到的最高赔偿金。

詹妮芙顺利争取到康妮的赔偿金的关键就在于她懂得使用煽情的方法，通过展示康妮的悲惨生活，打动了陪审团和法官，成功地争取到了想要的结果。

在沟通中，如果能用煽情的办法打动对方，带给对方真实的感受，引起对方的情感共鸣，就一定有助于实现自己的目标！

第二章

运用博弈巧争锋，论辩有理无人敌

沟通需要智慧。在沟通中保持清醒的头脑，灵活运用逻辑和论断，可以巧妙地把握论辩的方向和节奏，从而使自己始终保持主动，在论辩中取得胜利！

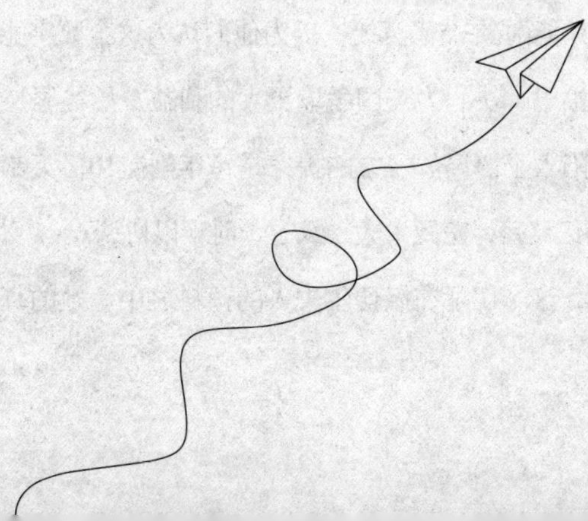

先发制人，占据主动

/

战争讲究掌握主动权，谈判同理。
因为掌握了话语的主动权，
往往就能够引导整个谈话的过程！

/

古语说得好：先发制人，后发制于人。快人一语，往往就能抢占先机，赢得谈话的主动权。这一策略运用得好，可以收到意想不到的效果。

1972年12月，欧洲共同体各成员国正在进行一场关于费用的谈判。英国首相撒切尔夫人在会议上首先表示，英国在欧洲共同体中负担的费用过多，却没有获得相应的利益，因此要求将英国负担的费用每年减少10亿英镑。这个要求高得惊人，各国首脑们都目瞪口呆。半晌过后，首脑们提议只能削减2.5亿英镑，因为他们认为这个数字能够解决问题。可是，“铁娘子”决心为英国争取更大的利益，始终坚持原有的立场，于是，谈判陷入了僵局。一方的提案是每年削减10亿英镑，而另一方只同意削减2.5亿英镑，差距太大，双方一时难以协调。

其实，这一切早在撒切尔夫人的预料之中。她的真实目标也并不是

10亿英镑，因为她自己也清楚这是一个太高的数字，如果能够削减3亿英镑她就可以接受了。但她的策略是先发制人，通过提出一个高价来改变各国首脑的预期目标。经过多方协商，欧洲共同体最后同意英国的费用每年削减4亿英镑。

由此可见，在谈判中先发制人，往往能取得令人惊喜的效果，轻松地达到自己的目的。

在商业谈判中，先发制人这一策略同样有效。

小王是一家家具公司的采购人员，一次，他去见一位木材经销商商谈购买一批木料。到达约定地点后，小王先大致说了目前市场上关于这种木料的信息和数据，然后又简单介绍了自己公司的期望。小王的侃侃而谈一下子就把木材经销商镇住了，他没想到小王竟然如此内行，对木材市场这么了解。他本想要要“大牌”，提提价，现在看来是不可能的了。看到对方处于被动地位，小王又乘胜追击，终于以一个很低的价格跟木材经销商签订了合同。

小王的成功在于他充分地了解了木材市场的实际情况。当他真诚合理地把现实情况分析一遍后，很容易就掌控了主导权，然后，他便可以底气十足地向对方提出自己的要求。所以，先发制人离不开做功课，只有做好准备，才能让自己的说法有理有据，立于不败之地。

避实就虚，巧妙化解锋芒

/
有时，言语的狂风，常常会伴着飞沙走石，
狂烈地向我们奔来。
我们要处乱不惊，敏锐地避开沙石的袭击，
巧妙地迎接风的来临！
/

与别人谈话时，有时难免会遇到被质疑或被刁难的情况，选择避实就虚，往往可以带来转机。

美国在日本投下两颗原子弹后，原子弹的巨大威力在国际社会引起了强烈反响。这时美国媒体开始关注同样拥有原子弹技术的苏联。苏联到底有多少颗原子弹成为美国新闻媒体的焦点话题。因此，当苏联外交部长莫洛托夫到美国访问时，美国记者迫不及待地问道："部长先生，请问苏联现在有多少颗原子弹？"这一问题明显涉及了国家机密。虽然莫洛托夫有些不快，但是为了避免其他记者在这一问题上纠缠不清，他回答道："足够！"

这一巧妙的回答，既避开了问题的话锋，保守了国家机密，又回答了记者的问题，并且还显示了苏联国力的强盛，可谓一箭三雕。

生活中，面对别人的挑衅，如果不想把双方的关系搞僵，不想把场面搞得太尴尬，避实就虚也是个不错的办法。

王立是某县公安局的侦探科科长，他手下有个姓顾的副科长，自恃有背景和学历，有些不把王立放在眼里。

一次开会时，顾副科长装作不经意地说起："唉，时间过得真快啊，转眼之间我从国防大学毕业已经7年了，一直没有回去看看。哎，王科长，你毕业后回过你的大学吗？"王立是部队转业干部，根本没有读过大学，他知道顾副科长这样说是想让自己难堪。他微微一笑，不慌不忙地说："我自从来到这里工作就没有离开过，因为实在是任务重、责任大，还要管理手下这一批人，我都恨不得学会分身术呢！这不，上级又派下一项任务，我看，这次需要你多出力啦，你的学历这么高，应该没有问题吧！"

顾副科长想让王立当众出丑的愿望落空不说，还被迫接手了一项艰巨的任务，真是有苦难言！

遇到这种情况时，避实就虚，不但能让自己摆脱困境，变主动为被动，还可以将问题的重点转移，从而达到回击对方的目的。

民国时期，东北奉系军阀的统帅张作霖，对付日本人很有一套，所以日本人对他又恨又怕。

有一次，张作霖应邀参加一个宴席时，几个在场的日本人知道张作霖出身土匪是个粗人，对字画之类是一窍不通，于是故意刁难他，请他即席作一幅字画赠给他们。

张作霖虽然性情粗犷，却是个明白人，他知道这些日本人是不怀好意的，目的是想让他当众出丑。然而张作霖非常爽快地答应了日本人的要求。只见他走到桌前，大笔一挥在宣纸上写下了一个“虎”字，然后落款“张作霖手黑”。

这让在场的客人们都面面相觑，一时之间不能理解其意，几个日本人更是摸不着头脑。这时，张作霖的秘书立刻反应过来，他连忙在张作霖耳边低声提醒道：“大帅，您的‘墨’字下边少写了一个‘土’。‘手墨’写成了‘手黑’。”

这时在场的很多了解张作霖的中国客人也很快明白了事情的原委。正当大家为张作霖如何收场而担心时，只见他拍了拍秘书的肩膀，然后大声训斥说：“你以为我不晓得这个‘墨’字下面还有个‘土’字吗？我这是故意少写的，因为这是日本想要的东西，我这叫‘寸土不让’。”

这一番话，立刻博得了满堂喝彩，众人纷纷拍手叫好。几个日本人不但没有达到让张作霖出丑的目的反而被张作霖羞辱了一番，最后只得灰溜溜地离去。

当我们面临困境时，一定要冷静分析，做到处变不惊。必要的时候，选择避实就虚。这样，就可以避开正面的攻击，达到全身而退或者击败对方的目的。

用机智化解别人的刁难

/
带刺的言语犹如烫手的山芋，让人难以触碰。
如果我们把角度进行转移，
巧妙地给对方一个回应，
就能够不动声色地摆脱困境。
/

美国上将巴顿将军说过，在战争中，最好的方式就是反击，沟通也是一样。很多人在遇到对方的故意刁难时，往往不知所措，有时甚至会因一时的恼怒而说出不得体的气话。这样不仅有损自己的颜面，也解决不了任何问题，这时最好的办法就是冷静下来，机智地进行反击。周恩来总理就是利用自己雄辩的口才和快速的思维，在这方面为我们树立了榜样！下面，就让我们一起回顾他在外交舞台上的风采！

新中国成立初期的一个外交场合上，一个西方记者故意刁难周总理，他提问道："总理先生，请问贵国现在还有没有妓女？"在场的人听到这个问题后，都感到奇怪："他为什么会提出这样的问题？"所有人都很关注周总理如何应对如此刁钻的问题。可周总理却很淡然地用肯定的语气说："有！"此语一出，全场哗然，人们议论纷纷。周总理接着又补充了一句："中国的妓女在台湾地区。"顿时，全场掌声雷动，为总理的绝妙回答而喝彩。

周总理的回答既揭穿了对方意欲分裂中国领土的险恶用心，也反衬出大陆良好的社会风气，有效地维护了祖国的尊严和完整，赢得了人们的欣赏和赞叹！

在一个美国官方代表团访华时，一名美国官员傲慢地说："中国人喜欢低着头走路，而我们美国人却总是抬着头走路。"周围的人听后都大吃一惊。周总理却不慌不忙，面带微笑地说："这并不奇怪。因为我们中国人喜欢走上坡路，而你们美国人喜欢走下坡路。"

周总理的反击让中国人扬眉吐气，同时还让美国人领教了什么叫作真正的智慧，最终尴尬、窘迫的是美国人自己。

一位美国记者在采访周总理时，无意中看到总理桌子上有一支美国产的派克钢笔。那记者抓住这个小问题问道："请问总理阁下，你们堂堂中国人，为什么还要用我们美国产的钢笔呢？是不是因为我们的产品质量更好一些呢？"周总理听后，风趣地说："这支钢笔说来话长，它是一位朝鲜朋友的抗美战利品，作为礼物赠送给我的。我本来觉得无功不受禄，就拒收。但是，朝鲜朋友说，留下做个纪念吧。我觉得也是，就留下了这支贵国的钢笔。"美国记者一听，顿时哑口无言。

这位记者的本意是想挖苦周总理——使用美国进口的钢笔，但是到头来却搬起石头砸了自己的脚，有苦也只好往肚子里咽了。

妙用激将法改变对方立场

/
俗话说：“树怕剥皮，人怕激气。”
“遣将不如激将”，
一激之下，往往会达到意想不到的效果。
/

孟子说：“一怒而天下定。”将激将法用到沟通中，如果运用得巧妙，往往可以让人改变原来的立场，化解分歧，达到目的。

诸葛亮就是用激将法来说服周瑜和他们联合起来一起抗击曹操的。当时曹操正率领大军南下，刘备根本无法与曹军抗衡，于是派出诸葛亮去东吴游说，希望得到东吴的帮助。

周瑜掌管着东吴兵马大权，诸葛亮深知要想得到东吴的帮助，首先要说服周瑜。但是周瑜和东吴方面都不想跟曹操发生战争，所以，诸葛亮打算用计谋说服周瑜。

在鲁肃的陪同下，诸葛亮见到了周瑜。周瑜听鲁肃汇报完当前的军事情况后，说道：“在这种情况下，我认为应该投降曹操。”周瑜如此回答，也是为了试探诸葛亮的反应，想摸清诸葛亮来东吴的真实意图。

诸葛亮十分清楚周瑜的目的，他笑了笑说：“东吴其实大可不必担心，你们只要把大乔、小乔两位美女献给曹操，曹操的百万军队自然就会无条件撤退。”

接着，诸葛亮又高声朗诵起曹植写的《铜雀台赋》：“从明后以嬉游兮，登层台以娱情。见太府之广开兮，观圣德之所营。建高门之嵯峨兮……”

朗诵完《铜雀台赋》之后，诸葛亮解释道：“这首赋是曹操在漳河修建铜雀台时，他的儿子曹植为了赞美父亲而作。这首赋的意思是说：在漳河如此风景秀丽的地方，修建了这座金殿玉楼，可谓是美之至极，一定要将东吴的大乔、小乔两位美女藏于此地。我想，对吴国来说，牺牲大乔、小乔来换取国家平安，就像是将两片叶子从大树上摘下来一样。所以，你们不妨将大乔和小乔送到曹营，这样，根本不用将军操心就能将问题解决了。”

周瑜听到诸葛亮的话后，勃然大怒，他将酒杯狠狠地掷在地上，大声骂道：“曹操这老贼，实在是欺人太甚！”随后，诸葛亮趁机向周瑜分析了天下的形势，更加坚定了周瑜抗曹的决心。

第二天，周瑜便向孙权请战说：“主公只要授予臣精兵数万来攻打夏口，臣必定能大破曹军。”由此，诸葛亮成功地联合了吴国。

需要注意的是，激将法并不是简单的讽刺或者挖苦对方，而是要“别有用心”地使用刺激性语言来激发对方的斗志和勇气，从而达到激将的目的。

陈川是某初中二年级（1）班的班主任。他班里的学生都是十一二岁的少年，让他们课间安静地在教室看看书，真是件难事。

只要一下课，一部分学生立即冲出教室，在走廊上追逐、打闹，惹得许多人心生不满。

在这群爱追逐疯打的“团体”中，有一个学生特别突出，名叫小欢。小欢特别活跃，除学习以外，其他的事情他都喜欢。只要下课铃一响，他就第一个冲出教室，先在走廊上跑一圈儿，再围着教室跑一圈儿。为了让他的学习成绩尽快赶上来，陈川多次对他进行批评教育，但效果不佳。

有一天，小欢又犯错误了，陈川把他叫到办公室，说：“通过老师对你的观察，认为你永远不可能在课间安静地坐在教室，更别说学习了。”小欢沉默了片刻，说：“老师，我觉得我能做到。”陈川又说：“我对你的话没信心，因为教育了你这么多次，你一点儿没听进老师的话！若你真能做到，每天给你加操行分2分。”小欢听后立即兴奋起来，并说：“老师，你等着瞧，我一定要做到！”

第二天，陈川下课之后，立即站在教室门口观察小欢，只见小欢端正地坐在座位上，什么也没做，眼睛却在四处搜寻老师。

这样坚持到了第三天，小欢坐不住了，开始在教室走动。见此情景，陈川把他叫回座位，告诉他可以在下课时看有益的课外书。接下来的几天，小欢都能安静地坐在座位上看书，陈川看在眼里喜在心头。后来，小欢开始利用课余时间学习，成绩有了明显的进步。

陈川利用激将法激发了小欢的上进心，最后收到了很好的效果。

在使用激将法时，首先要注意自然巧妙地进行引导，切记不可牵强附会，否则会弄巧成拙，适得其反。

其次，还要看对方的个性和当时所处的环境，并不是所有的人都适合用激将法，所以激将法不可滥用。

最后，一定要把握好分寸，操之过急则无法达到激将的目的。

滴水不漏，无懈可击

/
连接处无缝隙，这样才能盛水不漏。
把话说到滴水不漏，是一种境界。
达到这种境界，就可以为人生增光添彩。
/

有些人喜欢侃侃而谈，但是他的话往往有漏洞，经不起别人的推敲。要想达到让人信服的地步，就必须做到滴水不漏，无懈可击！

李肇星在担任中国驻美大使期间，有一次应俄亥俄州大学的邀请去学校进行演讲。演讲过程中，突然有一位美国老妇人举手提问，她质问道："大使先生，我想知道中国为什么要'侵略'西藏呢？"这个问题让李肇星非常气愤，西藏自古以来就是中国领土，怎么能说中国"侵略"西藏呢？但是他想到很多美国人都不了解中国的历史，便压制住了愤怒，他决定趁这天参加活动的人多，好好教育一下这些不明真相的美国人。

李肇星并没有直接反击，而是笑着问道："请问这位夫人，您是哪里人啊？"老妇人回答道："我来自美国的得克萨斯州。"李肇星接着对她说道："据我所知，得克萨斯州是在1845年才被纳入美国的版图，距今也不过一百多年。而西藏早在七百多年前，就已经被纳入中国的版图，怎么能说中国‘侵略’西藏呢？您看，就像您的胳膊一样，它本来就是你身体不可缺少的一部分，难道您能说您的胳膊被身体侵略了吗？”

老太太听了李肇星的回答后，连声说道：“谢谢您，大使先生！是您让我明白了什么才是历史的真相，太感谢您了！”

从这件事可以看出，要想做到滴水不漏，就必须让自己说的每一句话都有道理，有依据。

《红楼梦》中的王熙凤同样是一个有着过人的讲话艺术的“巧妇”。

王熙凤初见黛玉时笑道：“天下真有这样标致的人物，我今儿才算见了！况且这通身的气派，竟不像老祖宗的外孙女儿，竟是个嫡亲的孙女，怨不得老祖宗天天口头心头一时不忘。只可怜我这妹妹这样命苦，怎么姑妈偏就去世了！”

第一句话中，“天下”“真”“这样”就把黛玉夸得很好了，然后，她再加上两句“我今儿才算见了”和“通身的气派”，更是将黛玉的容貌捧到天上去了，林黛玉听了这样的话，无疑会非常开心！

而暗地里，王熙凤的这番话又讨得了贾母的欢心。贾母是贾府中最有权威的人物，王熙凤的权势多半来源于贾母的宠信，所以王熙凤行事说话时时刻刻都依据贾母的爱憎好恶，揣测其心理。我们都知道：贾母一再执意要把外孙女接进贾府，承受失女之痛的贾母自然会把对女儿的感情转移到外孙女的身上，心肝儿肉地疼爱。听到王熙凤这么夸奖外孙女，贾母定是欢喜。

王熙凤极尽夸赞之能事，表面赞扬黛玉之美貌，实则讨贾母之欢心而不着一丝痕迹，可谓妙极！

接着，她又说“竟不像是老祖宗的外孙女儿，竟是个嫡亲的孙女”。暗地里称赞元春、迎春、探春、惜春这四个真正嫡亲的孙女的容貌也美丽绝伦，所以迎春、探春、惜春也非常开心，而她们的母亲王夫人、邢夫人、尤氏也必定开心。并且，王熙凤又间接地告诉了贾母：黛玉就像是她自己调教出来的亲孙女一样。此话如扑面之清风，贾母怎能不受用？而对寄人篱下的黛玉来说，置身于人地两疏的贾府，听到别人的夸奖，并且说自己是贾府的最高统治者贾母的嫡亲孙女，除了高兴之外，说不定还有感激呢！

不仅如此，王熙凤始终没有忘记，或者说更清楚黛玉进贾府的原因：姑妈去世。女儿的去世会给贾母以精神上的打击，而失去母亲的黛玉感情上更是不必说。所以熙凤又向二人表达自己的悲伤与哀痛——“怎么姑妈偏就去世了”。

王熙凤短短的几十个字做尽了人情，好一个八面玲珑的人物！真可谓：娴于辞令甚机敏，巧于周旋太聪明。

将话说到滴水不漏，显然不是一件容易的事情。并不是每个人天生都有这样的本事，所以很多时候，还是需要学习和练习，相信经过个人有意识的锻炼和培养，一定能够达到这种境界！

将计就计，变被动为主动

故君子之治人也，即以其人之道，还治其人之身。

——朱熹

在日常生活中，如果遇到别人的刁难，我们可以将计就计，利用对方逻辑上的漏洞，让别人左右为难，从而变被动为主动。

1978年，美国国务卿基辛格向记者团介绍苏美两国关于限制战略武器谈判的情况。这时，有记者问基辛格："请问先生，美国有多少导弹潜艇在配置分导式多弹头导弹？"此事明显涉及了国防机密，是绝对不应该说出来的，但是怎么拒绝呢？基辛格灵机一动，机智地答道："我不确切知道正在配置分导式多弹头的'民兵'导弹有多少，但导弹潜艇的数目我是知道的，但不知这个数字是否保密？"那位记者急于知道答案，连忙答道："这个不是保密的。"基辛格听到后，马上说："既然不是保密的，那你说是多少呢？"记者听到这里，哑口无言，再也不能追问下去了。

基辛格运用的就是一个两难推理：如果潜艇数字是保密的，那么我便不能说出；如果潜艇数字不是保密的，那么大家都会知道，我自然不必说出。所以，不管潜艇数字是不是保密的，我都可以不用说出！

两难推理的关键在于找到对方逻辑上的漏洞，并借用这个漏洞，进而以对方的逻辑来反驳对方，最后让对方陷入两难的境地。

从前，古希腊有个国王，他想一次处死一批囚徒。那时候，处死囚徒的方法有两种：一种是砍头，一种是用绳绞死。

国王派刽子手向囚徒们宣布道："国王陛下有令——让你们任意挑选一种死法，你们可以任意说一句话——如果说的是真话，就绞死；如果说的是假话，就砍头。"

反正是一死，大部分囚徒顾不得多想，就很随意地说一句话。结果不是因为说了真话而被绞死，就是因为说了假话而被砍头。

在这批囚徒中，有一个很聪明的人。当轮到他来选择处死方法时，他忽然巧妙地对国王说："你们要砍我的头！"

国王一听感到很为难：如果真的砍他的头，那么他说的话是真话，而说真话是要被绞死的；但是如果要绞死他，那么他说的"要砍我的头"便成了假话，而假话又是应该被砍头的。他的话既不是真话，又不是假话，也就既不能绞死，又不能砍头。

国王只能挥挥手把他放了，从那以后国王再也不用这种形式让死囚选择行刑的方式了。

当然，我们还可以根据情况的不同，来为对方设置一个逻辑圈套，让对方不得不接受你的观点。

古印度有一位皇帝很自负，有一次他郑重其事地向天下臣民昭告：如果有臣民能讲一个他从没听过的故事，他就会将自己的女儿嫁给他。此话一出，引得全国男人蜂拥而至，尤其是朝内的贵族公子，每天都准备精彩的故事献给皇帝。但是，每次有人讲完故事，皇帝都说自己听过了，就这样，始终没有人能娶到皇帝的女儿。有一天，来了一位很聪明的农民，他跟皇帝说："我讲一个真实的故事给陛下听，不知您有没有听过？"皇帝很好奇，马上让他讲。农民说："陛下，从前你爷爷和我爷爷是非常要好的朋友，他们一起玩耍，一起做生意，那时我爷爷很有钱，你爷爷因为做生意向我爷爷借了100块金币，他向我爷爷许诺，发达之后，要您将金币还给我并将您女儿嫁给我，陛下，这个故事您有没有听过啊？"皇帝一下哑口无言，只好乖乖地将女儿嫁给他。因为皇帝如果说听过，按照他爷爷的许诺，不但要还金币而且要嫁女儿；如果说没听过，那么，按照自己的许诺，只需要把女儿嫁给他即可。

生活中难免会遇到一些"刁难"的情况，我们不妨认真地分析，进行有效的推理，从而让对方陷入两难的境地，左右为难，而自己的目的便可以自然而然地达到。

第三章

掌握分寸稳拿捏，注意禁忌避嫌疑

日常沟通中，把握好说话的分寸尤为重要。注意双方的身份、说话的时机和场合，讲究一些必要的原则和规矩，不仅能够给自己增添魅力，还能够赢得更多走向成功的机会。

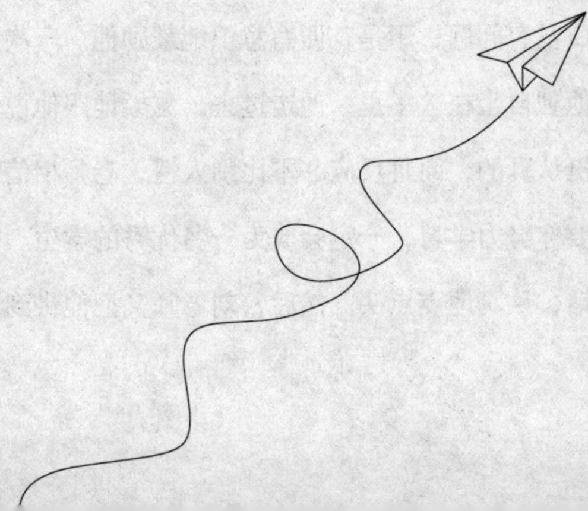

语气比语意更重要

/
舒缓温和的语气，给人一种轻松安适的感觉，
能令在场的每一个人感到放松，
从而营造出良好的沟通氛围。
/

在沟通中，语气起着很大的作用。有的人说话招人喜欢，而有的人说话就会招人厌恶，这跟语气是有很大关系的，因为语气包含了说话者的感情色彩。同样的一句话，如果用不同的语气来说，结果是大不相同的。

刘老师的班级里有一个孩子，性格比较孤僻，不善言谈，与同学们不合群，大家都笑话他，说他“傻”。

刘老师刚担任班主任时，就暗地里对这个孩子进行了深入了解，发现他的智商没有问题，于是，便有意识地鼓励他。一次课外活动时间，刘老师见他独自坐在教室里，便走过去，温柔地跟他说：“老师发现你上课听讲挺认真的，而且反应并不比别人慢，老师相信你是一个聪明的孩子，只要你努力学习，一定会成为一名优秀的学生。”这个孩子听了王老师的话，认真地点点头。然后，刘老师又把他带到学生们中间，带

他一起和同学们做游戏。同学们受到刘老师的影响，都争着和他玩。慢慢地，这个孩子和同学们的关系变得融洽了，学习成绩也提高了，再也没有人说他“傻”了。

这位同学之所以能够变得开朗活泼，主要是刘老师态度认真、语气和蔼的结果。刘老师的语气充分地体现出他对人的真诚和关怀，让这个同学不由自主地接受他的建议，从而走出了自卑和封闭。由此可见，合适的语气能充分地表达自己的意思和情感，达到“情通理达”的效果。所以，沟通中把握好说话的语气是非常重要的。

有这样一个故事：有一天上午，女主人独自在家。她刚听完一段音乐，正要准备午餐，突然听到一阵门铃声。当她打开门时，发现一位彪形大汉手拿一把菜刀凶神恶煞般地站在门口。女主人见此情形，心跳加快，但是她很快镇定下来，装作不在意对方的菜刀，面带微笑温和地说道：“哟！您是卖刀的啊！快请进吧。”进屋后，女主人请他坐下，又热情地为他倒了一杯茶。这一意外之举令本想来打劫的大汉不知所措。女主人播放音乐，又坐下来温和地与大汉谈论刀，还不时地讨价还价。整个过程，女主人始终用一种亲切的语气和这位男子说话，一切都显得非常亲切与从容。大汉紧张的心情竟然慢慢地平静下来，抢劫的念头也渐渐消散了。他借机把刀卖给这位女主人，就赶快跑掉了。

语气的魅力竟然有如此神奇的效果，这实在是让我们意想不到。女主人凭着自己温和而亲切的语气打动了一个有犯罪企图的大汉，让他迷途知返。

当然，能说会道的人都具备掌控语气的能力。心理学家就是掌控语气的高手，他们用温和平稳的语气，放松我们的心理，让我们慢慢被他们的语言所吸引，从而获得解脱！

由此，我们可以看到语气的独特魅力。在日常的沟通交流中，要想让自己更好地掌控语气，就要注意把握语速、声调、音量，并且要注意自己的面部表情，使对方能够清楚地感受到自己的真诚，从而达到良好的沟通效果。

注意分寸，情急之下切勿口不择言

害人的舌头比魔鬼还厉害……上帝仁慈为怀，
特地在舌头外面筑起一排牙齿，
两片嘴唇，好让人们在开口讲话之前多加考虑。

在说话之前，一定要考虑一下，哪些话该说，哪些话不该说。如果口不择言，很有可能伤害到别人。

有一个人请客，菜做好了，客人们也陆续开始来了。当菜都摆好之后，还有一个重要客人没来。大家都饿了，肚子开始咕咕地叫起来，主人等得焦急，在地上踱来踱去，自言自语道："唉，该来的还不来。"旁边的客人听到后，心中寻思着："这么说，我们就是不该来的来了？"他感觉很不舒服，于是便告辞走了。主人怎么劝也劝不住，一着急就说道："不该走的又走了。"另一位客人听了也不高兴了："难道我就是那该走又赖着不走的？"他一生气，站起身也要走。主人拉住他的衣袖，百般劝阻，但还是没拦住。主人苦笑着对剩下的客人说："唉，他俩误会我了，其实我不是说他们……"剩下的客人你看看我，我看看你，心想："说的不是他们，那就是我们了。"于是，剩下的客人也纷纷起身告辞……主人眼睁睁地看着客人都走光了，无奈地拍着自己的大腿，懊悔不已！

这个主人本意是希望那个没来的客人早点儿来，但是他却因为着急而口不择言，伤害了其他客人。由此看来，如果我们说话时不考虑周全，就可能在无意之中得罪别人。

有一个人从开封到苏州去做生意，在路上迷失了方向。他站在一个三岔路口上犹豫不定，不知该走哪条路。他看见附近水塘旁边有一位放牛的老人，就急忙跑过去问路："喂，老头儿！从这里到苏州该走哪条路呀？"老人见这人说话这么没礼貌，心里很不舒服，就说："走中间的那条路，到苏州还有六七千丈的路程。"那人听了奇怪地问："哎，你们这个地方计算路程怎么论丈而不论里呀？"老人说："这地方一向都是讲礼（里）的，自从这里来了不讲礼（里）的人以后，就不再讲礼（里）了！"

问路之人不懂得说话的分寸，伤害了别人，因此老人不客气地回敬了他。

说话做事要讲究分寸，如果没有分寸，就会有冲突，就会有是非，就会影响彼此的关系。

高山得知老同学王帅的亲戚在税务局工作，便找王帅，希望能通过王帅让他的亲戚帮自己办一件事。王帅见老同学相求，虽然觉得有些难办，但还是答应了。可是，当王帅问过他的亲戚后，人家说没有办法，王帅便向高山说明了情况。但高山却不高兴了：“你还能干什么？这么一件小事你都不帮忙。”说罢便转身走了，弄得王帅心里很不是滋味。本来他还想起一个朋友，说不定能办成这件事，但看高山这样对自己，他也不想再帮他了。

高山在求人办事时不讲分寸，意气用事，到最后吃亏的只能是自己。由此可见，说话讲究分寸多么重要。

在日常的沟通中，我们要牢记以下原则：维护别人的自尊心就是维护自己的自尊心；尽量说好话，恶言讥讽别人终究要吃亏；说话要考虑别人的感受，不要想说什么就说什么，即使是事实，也不要全都说出来，免得伤害了别人！

玩笑要适当，避免交浅言深

/
说者无心，听者有意，
“放肆”的言语会伤及别人的自尊，
很容易激怒别人……
/

玩笑是一种放松的方式，玩笑包含着智慧，在交际中开开玩笑能调节气氛、增进感情，但不要以为玩笑可以随便开，不知深浅地与别人开玩笑，就会造成“悲剧”。

小王在一家软件公司上班，工作三年后，终于跟女朋友喜结良缘。新婚不到半年，由于心情愉快，生活稳定，人渐渐胖起来，和婚前有了很大的差别。

有一天中午，公司里几个同事在一起聊天。一位新来的同事突然对小王说：“王哥，你怎么搞的，年龄不大就胖成这个样子，满脸横肉，像肥猪一样。”说着，还指着小王的肚子，发出“啧啧”的声音，大家听了笑了起来。

小王很是气恼，但又不便于发作。其实，这样的玩笑话如果从其他人嘴里说出来也没什么，但这个新同事刚来不久，属于晚辈，跟小王来往的又不多，这样说话小王自然难以接受。自此，小王就很讨厌这个新同事，工作中也不配合他。要命的是，新同事并没意识到自己犯的错误，后来又开其他人的玩笑，结果得罪了不少人，大家都不配合他、帮助他，他的工作进展得很不顺利，几个月后就被迫离职了。

跟初次会面的人或交往不多的人开玩笑一定要谨慎，不要犯了交浅言深的错误。另外，切记不要拿别人的忌讳来开玩笑。

大伟是一个积极向上的青年，他能力很强，个人素质又高，因此，在公司发展得很不错。但是，大伟有一个心病，就是自己的秃头，尽管这代表不了什么，但是大伟总是不希望别人关注自己的头部。

一次，大学同学聚会，大家难得聚到一起，每个人都谈了自己的发展状况，大伟最近喜得升迁，大家都对他表示祝贺。这时，一个爱说爱闹的女生拍着大伟的头，说道："你小子可真行，热闹的马路不长草，聪明的脑袋不长毛，你赚大发啦！"一句话引得大家哄堂大笑。大伟非常生气，气愤地反驳道："你的脑袋才不长毛呢。"就这样，本来热热闹闹的同学聚会，闹了个不欢而散。大伟伤了自尊，发誓以后再也不跟那个女生来往！

开玩笑还要注意对象。有的人本身敏感而多心，这样的人，玩笑就开不得。

一天中午，几个同事吃完饭后聊天，其中有一位王小姐刚配了一副眼镜，于是拿出来让大家看看她戴眼镜好看不好看。大家都说很不错。

这时，小赵想起一个笑话，就立刻说了出来："有一个老小姐走进皮鞋店，试穿了好几双鞋子，当鞋店老板蹲下来替她量脚的尺寸时，这位老小姐——我们要知道她是近视眼，一看到店老板光秃秃的头，以为是她自己的膝盖露出来了，连忙用裙子将它盖住。她立刻听到一声闷叫声：'该死！'店老板接着说道：'保险丝又断了！'"

大家听了都笑个不停，但是王小姐却闷闷不乐。并且，大家发现，从那以后，王小姐再也没有戴过眼镜，而且碰到小赵也不打招呼。

原来，在小赵眼中不过是一则近视眼的笑话，到了王小姐的耳中就变了味："你们不仅是在取笑我戴眼镜，而且还影射我是个老小姐。我才27岁，怎么能说我老呢！"

所以，开玩笑之前，先要考虑对方能否接受，不能想到什么随口就说。有的人听后不高兴不会马上发作，但是会记在心里，这对自己以后的交往必定不利！

总之，在交流中一定要注意收敛，避免玩笑过了头。有时，宁可不开玩笑，也不要让别人不舒服。记住，在沟通中，玩笑只是调剂品！

言多必失，口无遮拦种苦果

/
乌鸦“哇哇”地叫着，
人们到处驱赶它；
口无遮拦地随便倾诉，
人们就会远远地离开你！
/

俗话说得好：敏于事，慎于言。语言只是沟通和表达的工具，适当的语言才是硬道理。只凭一时之快就信口开河、喋喋不休，只会遭到别人的厌烦，最终吞下苦果。

小王已经三十岁了，俗话说“三十而立”，小王到了该成家的年纪，却依然单身一人，所以他的父母常常催促他。

父母托人给他介绍了个对象，让他们在周末的时候见一次面。小王收拾利索，便出发了。到了约定的餐厅后，小王发现对方已经到了，便不好意思地说：“我今天起床有点儿晚，所以来迟了！”对方很体谅地笑了笑，两人就算是正式见了面。

服务员为他们点完餐之后，小王便主动地介绍起自己的情况。他说了自己的学历、工作情况、个人爱好，而对方就一直微笑地听着。小王说完以后，对方慢慢地说："我感觉你很优秀啊，那为什么一直到现在还是单身呢？"小王苦笑着说："我也不知道啊，我感觉自己也没有什么明显的缺点，可不知道为什么感情总是不顺利……"小王打开了话匣子，开始向对方历数自己交往过的几个女朋友。每一个女朋友他都挑出了几个毛病，然后他总结说就是缘分不到，所以才没有让自己满意的。对方听着小王的诉说，只是淡淡地回应。吃完饭后，两个人礼貌地互道再见。

小王回到家时，父母问他感觉怎么样，他皱着眉头说："我对她感觉不错，但是她一直听我说话，也没发表什么意见，我看不出她到底是怎么想的！"父母没办法，只能通过介绍人探听一下女方的意思。第二天，介绍人打来电话说："唉，女方觉得小王人挺优秀的，就是觉得性格上合不来，因为她觉得小王太挑剔了，说了那么多，每个交往过的女孩子似乎都有不少毛病，像他这样很难找到满意的对象！"最后，介绍人语重心长地说："你们家小王啥都好，就是太能说了，以后再谈对象可要注意点儿啊！"

很多年轻人喜欢侃侃而谈，一些小秘密、个人喜恶都不懂得保留。所谓言多必失，尤其是跟初次见面的人交谈时，管不住自己的嘴巴，就容易祸从口出。

《三国演义》中的"杨修之死"，就是一个典型。杨修自恃聪明，往往口无遮拦，在曹操面前一再显示自己，曹操对他很是忌恨。

一次，曹操出兵汉中进攻刘备，在斜谷界口被困住，进退两难。就餐时，曹操看着碗中的鸡肋，不禁有感而发。这个时候，夏侯惇入帐，禀请夜间口号。曹操随口答道："鸡肋！鸡肋！"于是，夏侯惇传令众官，让大家都称"鸡肋"。杨修作为行军主簿，见上面传下"鸡肋"二字，便教随行军士收拾行装，准备归程。有人报知夏侯惇后，夏侯淳大吃一惊，于是请杨修至帐中问道："你为何要收拾行装呢？"杨修说："从今夜的号令来看，便可以知道魏王不久便要退兵回国了。鸡肋，吃起来没有肉，丢了又可惜。而现在，进兵不能胜利，退兵恐人耻笑，在这里没有益处，不如早日回去。我断定明日魏王必然班师还朝，所以先行收拾行装，免得临走时慌乱。"夏侯惇说："您真是明白魏王的心事啊！"就也动手收拾行装。于是，军寨中的诸将领都开始准备回去。曹操听说后，大怒，传来杨修："你怎么敢造谣生事，动乱军心！"随即喝令刀斧手将杨修推出去斩了，将他的头颅挂于辕门之外。

杨修的才学智慧的确令人佩服，但是他说话不注意分寸，不注意对象，最后招致杀身之祸，令人惋惜不已。现今社会，也有很多有才华但得不到重用的人，一方面是因为个人机遇的问题，另一方面也跟其沟通能力不无关系。

会说话很重要，慎言谨行更重要。要记住：话多无益，适当控制好嘴巴，对自己、对他人都是有好处的！

刚柔并济，洒脱为人

/
竹子生长在山林中，不受尘世的污染。
在阳光中，在风雨中，
它坚定地挺起自己的脊梁，
那斜斜的影子，也是一种别致的美！
/

人生在世，一定要活得洒脱。在与人沟通交往时，我们既不要低声下气，也不要傲慢自大，这样方可体现出个人的独特魅力。我国历史上著名的外交家晏子就很好地诠释了这种品格。

春秋末期，齐国和楚国都是大国。有一次，齐王派大夫晏子去访问楚国。楚王仗着自己国势强盛，又知道晏子身材矮小，就想趁机侮辱晏子，彰显楚国的威风。于是，他叫人在城门旁边开了一个五尺来高的洞，当晏子来到楚国时，楚王叫人把城门关了，让晏子从这个洞进去。晏子一看就明白是怎么回事，他装模作样地看了一眼，对接待的人说："这是个狗洞啊，不是城门。只有访问'狗国'，才从狗洞进去。我在这儿等一会儿。你们先去问个明白，楚国到底是个什么样的国家？"接待的人立刻把晏子的话传给了楚王。楚王只好吩咐大开城门，迎接晏子。

晏子拜见了楚王。楚王瞅了他一眼，冷笑一声，说：“难道齐国没有人了吗？”晏子严肃地回答：“这是什么话？我国首都临淄住满了人。大伙儿把袖子举起来，就是一片云；大伙儿甩一把汗，就是一阵雨；街上的行人肩膀擦着肩膀，脚尖碰着脚跟。大王怎么说齐国没有人呢？”楚王说：“既然有这么多人，为什么打发你来呢？”晏子装作很为难的样子，说：“您这一问，我实在不好回答。撒谎吧，怕犯了欺骗大王的罪；说实话吧，又怕大王生气。”楚王说：“实话实说，我绝对不会生气的。”晏子拱了拱手，说：“敝国有个规矩：访问上等的国家，就派上等人去；访问下等的国家，就派下等人去。我最不中用，所以派到这儿来了。”说完，他故意笑了笑，楚王也只好赔着笑。

到了就餐时间，楚王安排酒宴招待晏子。正当他们吃得高兴的时候，有两个武士押着一个囚犯，从堂下走过。楚王看见了，问他们：“那个囚犯是哪里人？犯的是什么罪？”武士回答说：“是齐国人，犯了盗窃罪。”楚王笑嘻嘻地对晏子说：“齐国人怎么这样没出息，干这种事？”楚国的大臣们听了，都得意扬扬地笑起来，以为这一下可让晏子丢尽脸了。哪知晏子面不改色，站起来说：“大王怎么不知道哇？淮南的柑橘，又大又甜。可是橘树一种到淮北，就只能结又小又苦的枳，还不是因为水土不同吗？同样的道理，齐国人在齐国安居乐业，好好地劳动，一到楚国，就做起盗贼来了，也许是两国的水土不同吧。”楚王听了，只好赔不是，说：“我原来想取笑大夫，没想到反让大夫取笑了。”从这以后，楚王再也不敢不尊重晏子了。

后来，齐王再次派晏子去访问楚国。楚国的大夫叔向见晏子的装束很寒酸，感到颇为不解。酒席宴上，叔向委婉地问他：“请问先生，节俭与吝啬有什么区别？”晏婴明白叔向的用意，也不动怒，认真地答道：“节俭是君子的品德，吝啬是小人的恶德。衡量财物的多寡，有计划地加以使用，富贵时没有过分地加以囤积，贫困时不向人借贷，不放纵私欲、奢侈浪费，时刻念及百姓之疾苦，这就是节俭。如果积财自享而不想到赈济百姓，即使一掷千金，也是吝啬。”叔向听了肃然起敬，再也不以貌取人、小视晏婴了。

晏子作为一名杰出的外交家，在出使时既坚持原则又灵活应变。面对大国的淫威和责难，他不卑不亢，刚柔并济，一次次地化解了难题。他用自己的口才和智慧捍卫了齐国的尊严，也为自己赢得了崇高的声誉。

不卑不亢是一种风骨，希望我们每个人都能具备。相信带着这种骨气，一定能让我们在沟通中所向披靡，开辟自己的天地！

关上抱怨的闸门

/
抱怨的语言就像墙头的草，
被风一吹就倒。如果任由抱怨的杂草滋生，
只能使不如意的现状变得更糟。
/

抱怨是快乐沟通的拦路石，但很多人都控制不了自己。其实，真正会沟通的人是不会抱怨的，因为抱怨不仅没有任何正面作用，相反还会带来负面影响。

晓东大学毕业后，到一家传媒公司做销售专员。他毕业于名牌大学，个人能力也很突出，因此难免会有做大事的想法和冲动。

他对面的小刘是一个专科的毕业生，跟他同时入职。跟小刘相比，晓东明显各方面都有优势。所以，尽管两人都是同样的职位，但是，晓东平时总是喜欢指手画脚，多出风头。

做了一个多月后，两个人差不多都熟悉了业务，工作也熟练和轻松起来。晓东总是喜欢在小刘面前炫耀自己，而小刘总是谦虚地笑着，晓东以为小刘自卑，心里很是看不起他。

又过了一段时间，晓东觉得自己的能力做这份工作已经绰绰有余了。仗着自己的高学历，他去找领导要求升职。领导肯定了他的能力，同时认为他需要在基层再多磨炼些时日。晓东认为自己没有受到重视，感觉很是烦躁和委屈。

晓东开始向小刘抱怨起来，最后说凭借自己的能力，还可以找到更合适的职位。不过，晓东自己也知道换工作很麻烦，但是目前又得不到迅速的升职，所以他时不时地就向小刘抱怨。

小刘总是微笑地听着，不怎么做回应。看到他对待工作很认真的样子，晓东常常劝他："做得差不多就行了，不需特别认真啊，在这样的公司里，做得再好也没有用啊！"

慢慢地，晓东越来越散漫了，工作凑合着做，抱怨却越来越多了。随着与小刘越来越熟悉，他什么事情都跟小刘说，比如自己的房东很吝啬啊，坐地铁很挤啊，女朋友又让自己烦心了，等等。刚开始的时候，小刘总是微笑着并象征性地点点头，到了后来，小刘也不愿意听晓东的抱怨了，有的时候干脆就埋头工作，也不看晓东。

时间过得很快，转眼五个月就过去了。

一天，公司召开了大会，老板号召全体人员一起努力，让公司更上一个台阶。

在销售部门的部门会议上，小刘和另一个销售人员被提升为销售组长，工资翻了一倍。晓东和其余几个新来的员工的工资只是有了微微的上调。

散会后，晓东非常郁闷。他找到领导，终于明白了原因。原来，晓东的能力的确很强，但是他性子太急，经受不起考验，同时又喜欢抱怨、发牢骚，而公司认为这样的人是不能担当大任的。小刘虽然学历较低，但是他的态度积极，个人综合素质也很过硬，并且，他的作风很符合公司的要求，所以，得到提升也是理所当然的事情了！

抱怨是最不理智的行为。经常抱怨，只能显得自己没有出息，对不如意的现状丝毫不起作用。

每个人都有不顺和烦躁的时候，如果不能有效地控制，就会像“乌鸦”一样不停地“聒噪”。嘴上逞一时之快，消磨自己的斗志，惹来的却是别人的厌烦。

所以，从现在开始，每个人都要学着关上“抱怨”的闸门，以积极的心态面对生活，如果你相信每一天都会幸福，那你就能获得幸福！

小心手势的禁忌

/
伸开手掌，仔细观看，
五个手指排列得是那么完美。
这是上帝送给我们的一份精美礼物，
我们可不能随便“滥”用它。
/

有一则古老的笑话：一个异乡人向一位农夫问路。农夫的双手抱着一个西瓜，听到异乡人的询问后，便停了下来，把西瓜交给异乡人。异乡人抱着西瓜，感觉莫名其妙。这时，他看见农夫把两个手掌摊开，摇着头说：“对不起，我不知道。”异乡人这才恍然大悟，对农夫道了谢，笑着走开了。

农夫本来就可以直接说：“我不知道！”但是，他好像只有做了手势才能把这句话说出来！这个笑话充分地体现了手势的作用。

在日常的沟通交流中，有效地利用手势，对加深彼此的关系是非常有帮助的。但是，有些手势是不能随便用的，如果不加以注意，很容易引起别人的误会！

小明参加一个大型艺术公司的招聘。他本身擅长钢琴演奏，最近又学习了吉他，对音乐的理解更加深入，所以他对自己应聘器乐演奏这个职位很有信心。

公司经理对包括小明在内的12个应聘者首先进行了统一面试。面试结束后，小明和其他三个人被留下接受最终的考核。

小明排在第二位，第一位出来时面无表情，“看样子是没通过！”小明心里窃喜，快步走进总监的办公室。总监很和蔼，他让小明坐在沙发上，便开始跟小明聊天。总监谈论的都是乐器方面的知识，小明懂得很多，所以他的紧张感逐渐消失了，话也多了起来。当总监跟小明谈到钢琴的即兴伴奏时，小明的兴奋劲上来了。因为小明最擅长的就是即兴演奏，他能很贴切地配合歌曲本身，达到很好的效果。小明的话匣子一打开，就开始坐不住了，甚至想要站起来表达自己。他的双手挥舞着，食指一直对总监“指指点点”，而他自己却浑然不觉。总监看到小明这个样子，觉得很不舒服，于是委婉地对小明说：“你的演奏能力的确很强，我们需要考虑考虑，你回去等我们的通知，好吗？”小明的兴致被打断了，他感觉很突然，因为他觉得自己完全有能力胜任这份工作，但也没有别的办法，只好默默地退了出来！

过了几天，他去吉他老师那里上课。有不懂的问题时，他便用食指“指”着老师询问。老师注意到了他的动作，意味深长地对他说：“小明啊，你说话时怎么能用手指‘指’人呢，要知道这样会让对方很不舒服。而且，在某些地区，用食指指人是“侮辱”和“看不起”的意思，以后可要注意啦！”

小明看着自己的手，很疑惑地说：“咦，我平时都没有注意到呢，我一激动就容易这样，以后还真得改改啊！”

手是人的第二张脸，在日常沟通中，我们不可避免地喜欢用一些手势来衬托、补充语言。但是，手势的运用一定要注意忌讳，只有合乎规范，才不至于引起是非。

下面列出一些手势禁忌。

1. 跷手指：跷小拇指表示贬低、较小、较差的意思。而用食指去指别人，会让对方感到很大的压力，而且还含有贬低、轻视的意味。

2. 挥手：两个人远远相见，挥手打个招呼，或者在分手时挥手告别，一般是手举过头顶，轻轻摆动。但是，在美国掌心向下挥动打招呼是唤狗的手势。所以，遇见美国人时一定要谨慎使用。

3. OK手势：拇指、食指相接成环形，其余三指伸直，掌心向外。OK手势源于美国，在美国表示“同意”“顺利”“很好”的意思，而在法国表示“零”或“毫无价值”，在日本是表示“钱”，在泰国表示“没问题”，在巴西则是表示“粗俗下流”，在突尼斯表示“无用”，在印尼表示“不成功”，在地中海国家常用来影射同性恋。

4. V形手势：这种手势是二战时的英国首相丘吉尔首先使用的，现在已传遍世界，是表示“胜利”。如果掌心向内，就变成骂人的手势了。

第四章

不同人要不同待，看客下菜巧安排

现实生活中有形形色色的人物，每个人的性格特点都不相同。为了让自己在沟通中游刃有余，我们需要针对不同的人做出不一样的反应。灵活地对待不同的沟通对象，会让我们的思维和语言变得更加敏锐，在人群中脱颖而出！

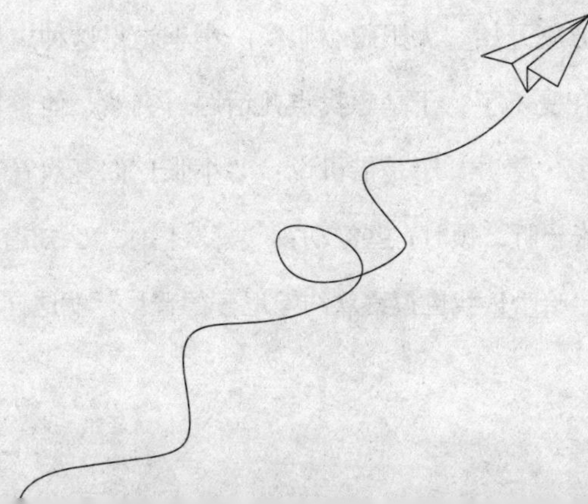

借助提问叩开沉默寡言者的心扉

/
沉默的人通常喜欢闭着嘴，
想要撬开他的嘴巴，就要主动发问。
通过有效的引导，带动对方积极地沟通！
/

在人际交往中，我们常常会碰到不大爱说话的人。他们习惯沉默不语，和他们搭上话实在有些困难。如果两个同样不爱说话的人碰到一起，那情形真叫尴尬，现场可以用“鸦雀无声”来形容。相信这种情况很多人都深有体会。

小张是一个性格内向、老实又木讷的人，平常在公司里踏踏实实干活，很少说话，从不引人注意。有一次公司派小李和小张一起出差办事。在火车上，小李和小张的铺位刚好是并排。两人简单地寒暄了几句之后，双方就开始“大眼瞪小眼”。小李觉得这种尴尬的气氛让人窒息，他实在受不了，于是想找点儿话题。突然，他瞥见小张的手机屏幕是约翰尼·德普，于是借机说：“小张！你喜欢看《加勒比海盗》吗？”小张一听，顿时有些激动：“喜欢！你怎么知道的？”小李说：“我猜的，哈哈！我也很喜欢约翰尼·德普！”就这样，小张的话匣子被渐渐打开，他开始给小李讲了很多约翰尼·德普有趣的事情，两人聊得非常投机。

小李以“明星”为话题，迅速地拉近了与同事小张之间的距离。从别人感兴趣的话题发问，换来的是别人对你感兴趣。当你面对一个人时，如果想打破和对方之间沉默的尴尬，迅速拉近距离的最好办法是谈论对方所熟知的事情。如此一来，对方会对你的关心与询问表示感激。

耶鲁大学文学院前任教授菲尔普斯8岁的时候就明白了主动发问的好处。有一天，小菲尔普斯在姑妈家度假，来了一位中年客人。寒暄后，来客发现小菲尔普斯在玩帆船，于是便以帆船为由和小菲尔普斯讨论起来：“你手上拿的是风浪板帆船吗？”中年人的提问勾起了菲尔普斯的兴致：“是的，帆船除了风浪板还有轻舟型和大小舱型。”接着，他们开始以帆船的种类为话题交谈了起来，相谈甚欢。中年人走后，菲尔普斯对他记忆犹新，他对姑妈说：“他对帆船很关注，刚才问了我很多关于帆船的问题，人真不错！”姑妈说：“那人是律师，应该对帆船没兴趣吧！他是一位有修养的绅士，为了和你交朋友，就迎合你感兴趣的话题，陪你聊帆船就是如此。”

主动发问，引导他人打破沉默的方法还有很多。比如，可以从自己对对方初次的印象说起，打开对方的心扉；也可适当袒露自己的心声，引起对方的“回报效应”；还可以从对方最近的生活谈起，在唠家常中拉近彼此的距离。

商业协会要举办一场成功企业家交流心得的晚宴，小刘的老板因为没时间不能出席，便派他参加这次宴会。小刘喜欢低调，本想到时候随便找个地方坐着听其他人讲话就行，没想到去了以后才发现全场只有5桌，并且自己还被拉到了主桌上。大家初次见面不大熟识，所以酒桌上的气氛有点儿尴尬，小刘觉得太难熬了，于是他问自己旁边那位很有名望的富人："久仰您公司的大名，想请教您的生意是怎样做成功的呢？"于是，那位富人便开始大谈生意经，讲述自己白手起家的艰苦奋斗历程，酒桌上的气氛一下子热烈起来。

可见，主动发问是十分有效的引导沉默寡言者张开嘴的方法，许多有趣的话题都是由一个提问开始的。陌生人对我们的吸引之处正是我们对他的一无所知。只要你主动开口打破沉默，你就能无拘无束地与人交流，扩大自己的交友圈。

以牙还牙，打击傲慢无礼者的嚣张气焰

孔雀高高地翘着它的尾巴，
把周围的一切都不放在眼里。
交际场中也有这种高傲的孔雀，
面对这样的谈话对象，适当地挫其锐气，
就会压制他的气焰，让他平等地审视自己！

在说服高傲无礼者时，气势起着非常关键的作用。面对底气不足、唯唯诺诺、不敢与别人针锋相对的人，高傲者自然会看不起你。反之，若遇到理直气壮、临危不惧的人，高傲者就会被气势压倒，开始思考你的意见。

在某次招待会上，苏联领导人赫鲁晓夫因对美国通过的一项关于被奴役国家的决议十分不满，便对前来赴会的美国副总统尼克松傲慢无礼地说道："我很不明白你们的国会为什么在如此一次重要的国事访问前夕，通过这么一项决议。"说到这里，他十分愤怒，大声嚷嚷起来："你们这个决议臭得像刚拉下来的马粪，没有比这马粪更臭的东西了！"说完，赫鲁晓夫盯着尼克松。尼克松决定以牙还牙，将他一军，他想起他看过的背景材料里曾提到过赫鲁晓夫年轻的时候当过猪倌。于是，尼克松也盯着赫鲁晓夫，用平静的语气，不紧不慢地回敬道：“我想主席大概弄错了，还有一样东西比马粪更臭，那就是猪粪！”赫鲁晓夫听后，傲气大挫，刹那间赫鲁晓夫额头上的青筋都冒出来了。可是他突然又展开颜笑说：“说得很对，你之前说我们应该谈点儿别的，也许你说对了。”

在日常交际中，有些人会因为自己的容貌、资质等优势表现出一种目中无人、蔑视他人的高傲，甚至还会蓄意攻击他人。对此类给他人带来不快、严重影响他人情绪的人，需要进行有力的反击，抑制其恶性的发展。

俄罗斯有一位著名的小丑叫杜罗夫。有一次，杜罗夫在表演后台休息，这时候突然来了一位十分傲慢的观众，他走到杜罗夫的身边用一种讥讽的语气说：“小丑先生，听说观众都非常喜欢你呀！”杜罗夫回答：“还好。”那位观众继续轻蔑地说：“那你说，要想在马戏团受欢迎，小丑是不是就必须长着一张奇怪又愚蠢的脸蛋儿呢？”杜罗夫听后并没有大怒，而是微笑着反击回去：“确实如此。不过，如果我能长一张像先生您这样的脸蛋儿，我肯定能拿双倍工资！”

这位傲慢的观众用过于唐突的言辞叫杜罗夫难堪，杜罗夫用这种婉转幽默的方法反驳对手，成功地讽刺了傲慢的观众。抓准对方众所周知的痛处是压制对方傲气的有效方式。另外，抓住他人的弱点也是挫其傲气的有效方式。

身为英国的驻日公使，巴克斯是一个十分高傲的人，他同日本外务大臣寺岛宗常和陆军大臣西乡南州打交道时，经常对他们不屑一顾，甚至有时还加以嘲讽。但是他有一个弱点，那就是每当他碰到棘手的事情时，他总会说："等我和法国公使谈了之后再回答吧！"寺岛宗常和西乡南州决定利用这句话攻击巴克斯，使其改变这种傲气十足的行为。一天，西乡南州故意问巴克斯："我很冒昧地问你一件事，英国到底是不是法国的属国呢？"巴克斯听后又傲慢无礼地答道："你这说得太荒唐了。如果你是日本陆军大臣你完全应该知道英国不是法国的附属国，英国是世界上最伟大的君主立宪制国家，甚至连德意志共和国也不能与其相提并论！"这时候，西乡南州说："我以前也认为英国是个强大的独立国，现在却不这样认为了。"巴克斯愤怒地质问道："为什么？"西乡南州说："阁下无论事情大小，都先与法国公使商谈，如果英国不是法国的附属国，请问，你每次这么做，有这个必要吗？"巴克斯气得说不出话来，从此也再不敢轻视西乡南州。

俗话说："害人之心不可有，防人之心不可无。"掌握随机应变的语言表达能力很重要。面对傲慢无礼者，该表现出刚强的时候要刚强，该反击的时候要反击。这样，才不会被视为弱者，相反还会赢得对方的尊重。

巧妙应对欺软怕硬之辈

/
生活中总有一些欺软怕硬之辈，
他们戴着有色眼镜，在人群中忽隐忽现。
面对这种人，只有增强自己的气势，
巧妙地进行攻击，才能在沟通中立于不败之地。
/

明朝高明的《琵琶记·五娘请粮被抢》中就写道：“点催首放富差贫，保上户欺软怕硬。”由此可见，欺软怕硬的现象是“古已有之”的，请看下面这个传说。

从前，有一座辉煌华丽的庙宇，里面供奉着各路神仙鬼魅，有木雕的，有泥塑的，个个刷金抹银，神气活现。

庙宇的前面有一条水沟，水有些深。一天，有个路人经过这里，见跨又跨不过去，而涉水又深了些，就不管三七二十一，回头到庙里搬了一座大个的木雕神像横搭在水沟上，当作桥，走了过去。

不一会，又走过来一个人。他看到神像搁在水沟上给人当桥踩，不住地叹息着说：“哎呀，这是谁干的？怎么可以这样对待神像，这样冒犯神灵啊！”说着，他赶紧把神像扶起来，用身上的衣服将木雕上的脏污擦拭干净，然后小心翼翼地将神像抱回庙中，安放到原来的位置上，并且对着神像一拜再拜后，才离开。

晚上，庙里的鬼神们愤愤不平地议论开了。一个小鬼说："大王，您住在这里作为神灵，享受着本地百姓的祭祀、膜拜，可是现在却遭到他们的侮辱，为什么不施加灾难惩罚他们呢？"

那个被踩的神像大王说："是的，应当降点儿灾难惩罚他们。你说，降给哪一个好呢？"

小鬼说："当然是那个拿大王当桥踩过去的人，那人真是太可恶了！"

大王说："不，应当把灾难降给后来的那个人。"

小鬼奇怪地问："前面那个人用脚践踏大王，再没有什么比这种冒犯更严重的了，您却不降灾给他；后来那个人，对大王十分敬重、虔诚，您却要降灾给他，这是为什么呢？"

大王说："这你就不懂了。前面那个人那样对我，表明他不信奉鬼神，不害怕我，这样我也没有能力降灾难于他。而后来的那个人敬畏我，表明他很信奉我，因此我的法力也只对像他那样信奉我的人有效。"

在现实生活中，欺软怕硬的现象也是屡屡上演。

小刘平时工作很忙，因此很少逛街，对很多商场都不熟悉。一次，小刘急需一件风衣，便在下班后去了公司附近的一家专卖店。

因为小刘平时穿着很是朴素，所以售货员对小刘爱答不理，态度很不友好，当小刘问她衣服的尺码时，她很不耐烦，让小刘很不舒服。

当小刘看中一件风衣想要试穿时，销售员不停地打量着她："这件风衣要一万多，你买得起吗？买不起就不要试了！"这时，来了一位衣着光鲜的女士，售货员马上换上笑脸，殷勤地跑到旁边问这问那。小刘很气愤，因为还要赶时间，所以她决定还是等周末再来选购。

到了周末，小刘换上一套高档时装，再次走进了那家专卖店。

售货员这次的服务态度明显不一样了，她紧跟着小刘，笑容满面地为她介绍各种风衣，对小刘的提问也都耐心解答，服务非常到位。

最后，小刘选好了一件风衣，在结账的时候，小刘问售货员："你还记得我吗？""嗯？"售货员有点茫然："我们见过面吗？""当然了，前几天晚上我来过你们店里选购风衣，当时我打扮普通，而你对我很冷淡，所以我没有购买直接就走了；而今天我稍稍打扮了一下，受到的待遇就不一样，看来以后光顾贵店还是要注意个人的装扮啊！""啊，真不好意思，我们只是普通的销售员，要通过销售额来赚取提成。通常只有有钱人才能真正地消费，我们也只有通过衣着打扮来做判断了……"销售员的声音越来越低，底气也没有了。小刘微笑着看着销售员："我知道，但是，我希望你们对每一个顾客都能以诚相待，认真服务，这样，你一定会有很多收益的！"销售员看着小刘点点头，小刘拿着风衣，心情很愉快地走了出去。

欺软怕硬其实是一种虚张声势的行为，这种人的内心通常是脆弱的，不稳定的。所以，他们的强硬外壳只是一个纸老虎，只要自己信心十足、气场强大，就会压倒对方的气焰，赢得尊敬。

因此，在日常沟通中，面对欺软怕硬之辈，一定要挺直自己的腰板，巧妙地进攻、合理地反击，这样对方就会像泄了气的皮球，再也不敢嚣张了！

灵活结交性格古怪的人

/
性格古怪者也需要关注的眼神，
如果我们能用适当的方式多和他们沟通，
那么一样能获得他们的认可和友谊。
/

现实中有很多性格古怪的人，他们的行事方法往往让大家很不理解，所以人们跟他们的交流也就越来越少。其实，每个人都有交流的需要，这些古怪的人看上去很难让人靠近，但是只要我们采取适当的方式跟他们沟通，一样会和他们成为朋友。

性格古怪者之所以古怪，就是因为他们本身跟大家不太一样。如果我们能够适当变通，灵活地跟他们交往，一定能够赢得他们的友情。

小红的新工作是图书策划。她性格好，头脑灵活，所以工作不久便和同事们打成一片。一段时间后，小红发现坐在自己旁边的小超跟大家有点儿不一样，性格古怪不说，还经常喜欢一个人涂涂改改，神神秘秘地不让大家看，让人百思不得其解。

小红觉得小超为人还不错，只是个性上有点儿怪异，所以她打算通过特殊的方式和小超交流一番。

一天中午，大家都吃完饭开始休息，见小超一个人在桌子上比比画画，然后又遮遮掩掩地打开小柜，小红便哼着一首小调走了过来。小超果然被她吸引，试探着往小红这边望。小红微笑着对小超说："吃完饭也不知道干什么好，我本来喜欢唱歌，但是因为工作太忙，很久没去唱了！"其他同事听到唱歌这个话题也都凑了过来，纷纷接茬儿："就是啊，我也喜欢唱歌，但是没有人陪我去，小红，有时间我们一起去KTV吧！""我喜欢逛街，有谁喜欢啊，我们一起去呗！"……大家七嘴八舌地说了起来，小超也饶有兴致地听着。小红感觉小超对大家的谈话很感兴趣，便问小超："小超，你喜欢什么呢，我刚来，还不清楚呢！"小超看着她真诚的眼神，不好意思地说："我也没有什么特别的爱好，就是喜欢画画！""耶，大画家啊！"小红真诚地赞美道，终于明白小超平时的涂改行为是在画画，虽然她还不清楚小超为什么要遮遮掩掩，不过今天跟小超的交流已经取得了初步成效，她相信自己以后能和小超做朋友。

接下来的几天，小红就从小超的爱好入手，趁休息的时候跟小超聊美术。小超被小红的真诚所感化，慢慢地把自己的心事告诉了小红。原来小超的爸爸是某美术学院的老师，从小就开始培养小超学画画。一次，小超参加完少年绘画比赛，妈妈急匆匆地开车去接她，却不幸出了车祸，双腿被撞断，从此只能瘫痪在床。

小超的爸爸深受打击，开始讨厌画画，也不允许小超再画下去，每当小超情不自禁地拿起画笔时，他都会狠狠地呵斥小超一番。为了让爸爸不再伤心，小超放弃了自己钟爱的美术，专心学习文化课。大学的时候，小超报了新闻系，毕业之后便到了这家公司。

虽然后来放弃了画画，但是小时候练就的基本功仍在，小超手痒时就会拿起画笔涂涂改改。但多年的习惯使她一画画就想起爸爸，便禁不住隐隐藏藏，长此以往，大家都以为小超很怪异！

小红了解情况后，对小超说："爱画画是好事，不应该被限制，更不必遮遮掩掩，你要是真喜欢画画，从现在开始就要光明正大地画下去，我们都会支持你的！"听了小红的话，小超开心地笑了。小红还把小超的特殊经历告诉了其他同事，大家都理解了小超，都开始跟小超交往，再也不觉得她古怪了！

很多古怪的人都不是天生古怪，我们可能做不到像小红那样耐心去了解小超背后的故事，但是我们可以采取其他方式，去赢得对方的关注，去除对方的戒心。相信通过长期的交往，彼此间的友谊也会建立起来！

送一顶高帽给虚荣之人

/
每个人都渴望受到关注和赞美，
虚荣、好面子的人更是这样。
适当地送出甜言，会让自己更受欢迎，
良好的人际关系也更容易建立。
/

大多数人都喜欢被人奉承，即使冷静之后，对方知道你说的只是奉承话，但还是会沾沾自喜，欣然接受。

某贤人的一位弟子说："老师，我已经准备好入世行事了。"贤人问："那你有什么技能让自己生存下去呢？"弟子回答："我准备了许多高帽子——奉承。"贤人说："奉承，人们未必喜欢。"弟子说："是啊，有谁能像老师您这样贤能却不骄傲，能抵制住别人的奉承呢？"贤人听完露出了欢悦的笑容，微微点头。弟子见状十分高兴，因为不知不觉地，他已经给贤人送了一顶高帽。而贤人微微点头则表明他认可了自己的观点：奉承是一项有效的技能！

不管是在日常生活中，还是在工作交流上，奉承是所有人都受用的法宝。如果你想获得别人的帮助，不妨先送给对方一顶高帽。

小张有一个很棘手的文案无法独立完成，想请小王帮帮忙，因为小王在相关专业知识方面颇有研究，可是怎么开口呢?

小张走到小王的办公桌前说："小王，我这儿有个计划，实在完成不了，帮个忙吧？"

小王忙碌地敲打着键盘，头也没抬地说"唉，实在不好意思，我这段时间工作任务挺重的，你还是看看别人有没有空吧，比如老程？"

小张连忙说："小王，在这个领域，你可以说是咱们办公室的唯一专家，这个计划如果没有你帮忙，绝对无法完成啊！"

小王平时就是一个虚荣心很强的人，见小张态度诚恳，又如此卖力地夸奖自己，心里一高兴，就答应了小张的要求，帮他完成了工作计划。

大部分人面对别人的夸奖和肯定，心里都会自然而然生出一种飘飘然的感觉，如果对方是个虚荣心很强的人，就更容易被甜言所打动。由此可见，美言对方，投其所好，求人办事就会容易得多。不过，我们要注意在美言对方时一定要真诚，赞美要实事求是，这样才会达到预期的效果。

有一次，戴尔·卡耐基在一个邮局排队准备寄信。他注意到工作人员好像心情很糟的样子，可能每天称信、取邮票、开收据等重复性的工作使他烦躁。卡耐基想：我要让他心情好点儿，而要让他心情好转，最好的方式就是赞美。卡耐基仔细观察，他身上有没有什么地方值得我真挚称赞？面对一个陌生人，这个问题可能有些棘手，但细心的卡耐基很快找到了工作人员身上的亮点。当工作人员为卡耐基称信的时候，卡耐基微笑着对他说："我真希望我也能有一头像你这么好的头发。"工作人员抬头惊讶地望了一眼卡耐基，继而露出笑容，谦虚地说道："谢谢，不过现在没有以前有光泽了。"卡耐基继续坦诚地说道："虽然没有以前有光泽， 但我还是觉得挺好看的，我真的很羡慕您啊！"听完卡耐基的话，工作人员显得十分高兴，和卡耐基闲聊了起来，到谈话的最后，工作人员表示有很多人都称赞他的头发好。

其实，奉承是美丽的修饰，既能够取悦别人，又能够帮助自己。它是一种让你能够快速达到目的的策略，也是一种在社会上生存的有效技能。需要注意的是，每个人都渴望被人关注，被人欣赏，但没有人愿意接受与实际不符的虚伪奉承。完美的奉承是用一颗诚挚的心去发现他人身上隐藏的闪光点，相信通过真诚的赞美，我们一定会赢得他人的信赖和支持！

用诚心打动“好好先生”

/
在“好好先生”的眼里，
每个人都是一样的，
他不愿意得罪任何人，
也不会去讨好任何人。
所以，在跟他们交流时，要灵活一些！
/

东汉末年的司马徽善于识别人才，但由于当时政治斗争相当复杂，所以他经常装糊涂，从来不谈论别人的短处，不管是好是歹，他总是回答“好”。日子久了，他也就成了“好好先生”。

一天，他在路上碰到一位熟人。那人问他：“近来身体好吗？”司马徽回答说：“好。”又有一天，他的一位朋友前来拜访，并伤心地谈起自己的儿子去世的事情。不料，司马徽听了竟说：“很好。”他的妻子等朋友走后责备他说：“人家以为你是有德行的人，所以才把儿子的死讯相告。哪有听说别人死了儿子，反而说很好呢？”司马徽回答说：“像您刚才的话，也很好！”妻子听了哭笑不得。

现实生活中的“好好先生”也比比皆是。他们对谁都一个态度，谁也不愿意得罪，说出去的话不咸不淡，跟他们打交道，我们要注意一定的技巧。

小艾和小晋是同时入职的新员工，小艾是应届生，而小晋之前有一年的工作经验，所以小艾经常向小晋请教。两个人都很开朗，平时总是一起去吃饭，下班的时候也是结伴同行。

小艾属于爽朗实在的人，她认为小晋人品不错，便想跟她一直交朋友。所以，小艾经常向小晋讲述自己的爱好、梦想、家人和生活状况等，希望借此拉近彼此的关系。

不过，小艾慢慢发现，小晋对自己的话好像心不在焉，回答也常常是在敷衍自己。比如有一次，小艾告诉小晋说父母希望自己考研，小晋便眨了眨眼睛说："很好啊，读完研你的待遇就翻倍啦！"小艾又说："可我不喜欢读书，我觉得没有意思，不过家里说我不考研的话，考公务员也可以！""公务员也很好啊，待遇丰厚还清闲！"小艾又眨了眨眼睛。"可是，我就是想追求自己的生活，我喜欢自由，想做自己喜欢做的事情，不希望被别人所安排！"小艾支着脑袋，慢慢地说。"小艾，加油，你做什么都能行！"小晋说完后，便低下头开始摆弄手机。

小艾本来是想向小晋倾诉一下自己的烦恼，也希望她能给出一些意见，谁知道小晋只是一个劲地说"好"，这跟说废话有什么区别呢？于是，小艾决定逮个机会好好"治治"小晋这个"好好先生"。

一天中午，两个人去吃饭。小艾点了鸡腿套餐，小晋则点了米线。

饭菜端上来后，小晋吃了一口，便开始皱眉头：“太难吃了！”“是吗？”“就是，不信你尝尝！”小艾尝了一口，果然不好吃，不过，她却装作一副细细品尝的样子说：“挺好的啊，是不是你太挑了！”“啊，不会吧？真的很难吃啊！”小晋有点儿痛苦地说道。“我吃着觉得很好！”小艾吃着一块鸡腿肉，开心地说。“那我们换一换吧，你不是说好吃吗？”“可是，鸡腿饭我也喜欢吃啊，我已经吃了这么多了，还是不要换了。再说了，我觉得你平时对什么都说好，好像不应该有什么挑剔的啊！”小艾边吃边说，很快就吃完了一半。“唉，我其实不挑剔的，不过，这米线真的太难吃了！”小晋无可奈何地吃了起来！

“哈哈，看你那么可怜，还是换一下吧，我只吃了这半边的，那半边的没有动，喏，给你！”“这不太好吧，这米线你也吃不下去的！”“没事，我都吃了这么多了，快饱了，你只吃了那么一点儿，再不吃下午就该饿啦！”小艾真诚地看着小晋，让小晋感动不已。

从此以后，小晋对小艾再也不像以前那样敷衍了。两个人常常认真地进行交流，分享彼此的心事，成了真正的好朋友！

“好好先生”自有他的好处，那就是轻易不会得罪别人。不过，长此以往就会让别人厌烦，很难得到别人的真心。面对生活中的“好好先生”，我们要真诚，要懂得转变他们的思维，这样才能实现良性的交流！

第五章

成功演讲有技巧，慷慨激昂燃激情

成功的演讲是智慧的传播和发散，它集中反映了演讲者个人的沉淀和积累，并通过肢体语言、现场气氛等辅助手段，在短暂的时间里感染并改变听众！只要我们用心揣摩，多多学习和模仿，就一定能够形成自己的演讲风格！

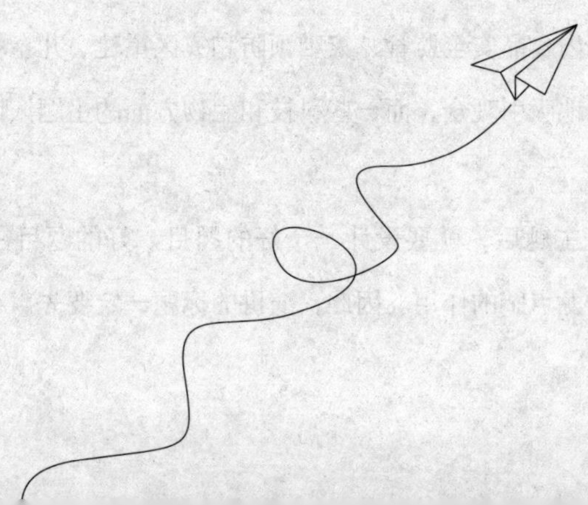

提前规划演讲这盘棋

“凡事预则立，不预则废。”
提前构思，能让自己对演讲的整体内容有充分的把握，
从而保证演讲思路的清晰和语言的流畅！

演讲就像盖楼房一样，需要事先设计好图纸，这样在演讲的时候，就会有既定的方向和结构，不至于想到哪里讲到哪里，最后乱了分寸。

首先，我们要确定好主题。

选择合适的主题很重要。主题要反映现实，围绕人们普遍关注的问题，从而合理地启发听众，共同寻找问题的答案。主题还要角度新颖，切忌老生常谈、人云亦云。

最后，主题要角度集中，不可贪图面面俱到。比如中国楼市的最终走向、国内食品安全监管、灾难预防和灾区重建、儿童教育模式等主题就能很好地吸引观众，而一些科技和生物方面的主题演讲也会赢得人们的关注。

选好主题后，就要设计一个好的题目。好的题目往往会对整篇演讲起到画龙点睛的作用。因此，演讲的标题一定要先声夺人，一开始就

能激起听众的兴趣。什么样的题目能达到这样的效果？概括说来就是简洁、新颖、醒目、朗朗上口。

鲁迅的演讲标题就很有讲究。

《无声的中国》《未有天才之前》《帮忙文学与帮闲文学》《魏晋风度及文章与药及酒之关系》等，既新颖独特，又蕴涵哲理，让大家耳目一新。特别是《魏晋风度及文章与药及酒之关系》这个标题，虽然字数多，结构复杂，却无一字可删，紧扣演讲内容，独树一帜，很容易引起听众的兴致。

其次，我们要精心准备素材。巧妇难为无米之炊，精彩的演讲一定是建立在精彩的素材之上。

我们要收集与主题有关的各种素材，包括事实材料、理论材料、数据材料等。再对这些素材进行筛选，挑出切题的、典型的、最具说服力的、最鲜活的素材。

需要注意的是，除了演讲时一定讲到的素材之外，还可以准备几个备用素材，以应付突发状况。

一般而言，面对青少年的演讲，素材应形象有趣，寓理于事，要尽量选择他们所崇拜的人和有轰动效应的事；面对工人、农民的演讲，素材要生动风趣、通俗浅显，尽可能列举他们周围的人和发生在他们中间的事做例子；面对知识分子的演讲，素材则必须客观、准确，有一定的深度。

最后，我们要科学地设计演讲稿的结构。合理的结构是一次成功演讲的重要保障。俗话说，好的开始是成功的一半。一个引人入胜的开头会将听众直接带入演讲的主题中。

比如《教育孩子适应生活》这篇演讲稿的开头是这样写的：

有一对夫妻，他们是大学的教授，在学术界有很高的声誉，但是在教育孩子方面，他们总是感到很无力。

有一次，妻子要招待客人，但是家里的酱油用完了，便让7岁的女儿去楼下的超市买瓶装的酱油。

过了很久，女儿空手回来了："妈妈，超市里没有瓶装的酱油，只有袋装的，我不敢买，就回来了！"妻子无奈地叹了口气，自己和丈夫枉为教育界的精英了，女儿在生活中竟然如此不懂得变通……

通过这个案例，很容易将听众引入将要演讲的主题中：怎样教育孩子适应生活，从而让演讲轻松地继续下去。

大体上来说，开头的方式主要有悬念设置式、开门见山式、提问式、故事寓言式、应用式、幽默式等。我们要根据不同的主题和内容选定合适的开头，从而展开一场完美的演讲。

而演讲的主体是演讲最主要的部分，要精心构筑，才能扣人心弦。主体部分主要有四种结构方式：总分式、并列式、对比式、递进式。无论何种结构，都要注意在后半部分设置一个"高潮"，来突出自己的观点。这样，整个演讲就会曲折生动、荡气回肠。

结尾的重要性不亚于开头。每一个成功的演讲家都不会放弃结尾的渲染机会，因为一个好的结尾会让听众回味无穷、难以忘怀。演讲的结尾主要有总结、号召、誓言、祝愿等几种方式，每个演讲者都要结合自身的特点选择最合适的结束方法。

下面，让我们一起来体会一下林肯在内战时期在葛底斯堡发表的一次演讲。

87年以前，我们的先辈们在这个大陆上创立了一个新国家，它孕育于自由之中，奉行一切人生来平等的原则。

现在我们正从事一场伟大的内战，以考验这个国家，或者说以考验任何一个孕育于自由和奉行上述原则的国家是否能够长久存在下去。

我们在这个战争中的一个伟大战场上集会。烈士们为使这个国家能够生存下去而献出了自己的生命，我们在此集会是为了把这个战场的一部分奉献给他们作为最后的安息之所。我们这样做是完全应该而且非常恰当的。

但是，从更广泛的意义上来说，这块土地我们不能够奉献，我们不能够圣化，我们不能够神化。曾在这里战斗过的勇士们，活着的和去世的，已经把这块土地神圣化了，这远不是我们微薄的力量所能增减的。

全世界将很少注意到、也不会长期记起我们今天在这里所说的话，但全世界永远不会忘记勇士们在这里做过的事。

毋宁说，倒是我们这些还活着的人，应该在这里把自己奉献于勇士们已经如此崇高地向前推进但尚未完成的事业。倒是我们应该在这里把自己奉献于仍然留在我们面前的伟大任务——以便使我们在这些光荣的死者身上汲取更多的献身精神，来完成那种他们已经完全彻底为之献身的事业；以便使我们在这里下定最大的决心，不让这些死者白白牺牲；以便国家在上帝福佑下得到自由的新生，并且使这个民有、民治、民享的政府永世长存。

成功的演讲不是简单的说辞，而是心血的积累和提炼。相信通过个人的努力和学习，一定能够做好充分的构思，让演讲散发光彩！

字字珠玑，用语言的魅力征服听众

/
优美的语言像清水中的鱼，
灵活地在听众的心池里游动。
它时不时地晃一下尾巴，荡起阵阵涟漪！
/

演讲的关键是一个“讲”字，文字是演讲的主体，文字优美的演讲会让听众如沐清风、神清气爽！

庄景华在《让我们彼此微笑》的演讲中这样说——

真正的微笑，绝不是一种肌肉动力，它是人们美好感情的自然流露。它标志着一个人精神的富有。有一首诗写道：

微笑一下并不费力，但它却产生无穷的魅力。

受惠者成为富有，施予者并不变穷，

它转瞬即逝，却往往留下永久的回忆。

它带来家庭之乐，又是友谊绝妙的表示，

它可使疲劳者解乏，又可给绝望者以勇气。

如果你偶尔遇到某个人，没有给你应得的微笑，

那么将你的微笑慷慨地给予他吧，

因为没有任何人比那不能施与别人微笑的人更需要它。

这首诗传自巴黎，是一位诗人对人与人之间应以真诚相待的热情呼唤。我们中华民族素有“文明之邦”的称誉。继承传统的美德是我们这一代人，尤其是我们大学生义不容辞的责任。大学生的称号不就是意味着我们的知识教养、我们的文明程度在一个较高的水准上吗？一枚校徽，只能在四年内证明我们的大学生身份，而知识教养形成的习惯可以伴我们终身。同学们，拆除人造的藩篱，让我们彼此微笑吧。

庄景华的这段演讲语言优美，内容充实，既切合主题，又很好地实现了演讲的目的。

《我有一个梦想》是马丁·路德·金在华盛顿林肯纪念堂发表的关于黑人追求民族平等的著名演讲。它对美国甚至世界的影响都很大，被编入我国中学教材。下面，让我们一起来回顾其中的优美段落。

朋友们，今天我要对你们说，尽管眼下困难重重，但我依然怀有一个梦。这个梦深深植根于美国梦之中。

我梦想有一天，这个国家将会奋起，实现其立国信条的真谛：“我们认为这些真理不言而喻——人人生而平等。”

我梦想有一天，在佐治亚州的红色山冈上，昔日奴隶的儿子能够同昔日奴隶主的儿子同席而坐，亲如手足。

我梦想有一天，甚至连密西西比州——一个非正义和压迫的热浪逼人的荒漠之州，也会改造成为自由和公正的青青绿洲。

我梦想有一天，我的四个小女儿将生活在一个不是以皮肤的颜色，而是以品格的优劣作为评判标准的国家里。

我今天怀有一个梦。我梦想有一天，亚拉巴马州会有所改变（尽管该州州长现在仍滔滔不绝地说什么要对联邦法令提出异议和拒绝执行），在那里，黑人儿童能够和白人儿童兄弟姐妹般地携手并行。

我今天怀有一个梦。我梦想有一天，深谷弥合，高山夷平，歧路化坦途，曲径成通衢，上帝的光华再现，普天下生灵共谒。这是我们的希望。这是我将带回南方去的信念。有了这个信念，我们就能从绝望之山开采出希望之石。有了这个信念，我们就能把这个国家的嘈杂刺耳的争吵声，变为充满手足之情的悦耳交响曲。有了这个信念，我们就能一同工作，一同祈祷，一同斗争，一同入狱，一同维护自由，因为我们知道，我们终有一天会获得自由。到了这一天，上帝的所有孩子都能以新的含义高唱这首歌：我的祖国，可爱的自由之邦，我为您歌唱。这是我祖先终老的地方，这是早期移民自豪的地方，让自由之声，响彻每一座山冈。如果美国要成为伟大的国家，这一点必须实现。因此，让自由之声响彻新罕布什尔州的巍峨高峰！让自由之声响彻纽约州的崇山峻岭！让自由之声响彻宾夕法尼亚州的阿勒格尼高峰！让自由之声响彻科罗拉多州冰雪皑皑的落基山！让自由之声响彻加利福尼亚州的婀娜群峰！不，不仅如此，让自由之声响彻佐治亚州的石山！让自由之声响彻田纳西州的望山！让自由之声响彻密西西比州的一座座山峰，一个个土丘！

让自由之声响彻每一个山冈！当我们让自由之声轰响，当我们让自由之声响彻每一个大村小庄，每一个州府城镇，我们就能加速这一天的到来。那时，上帝的所有孩子，黑人和白人，犹太教徒和非犹太教徒，耶稣教徒和天主教徒，将能携手同唱那首古老的黑人灵歌："终于自由了！终于自由了！感谢全能的上帝，我们终于自由了！"

马丁·路德·金的演讲词已经成为永远的经典，这些文字的魅力在经历了上百年的时光洗礼后，依然毫不褪色！

请相信，能够改变他人的神秘力量就蕴藏在一个个美妙的词语中，当我们掌握了这门技能的时候，只要张开口，便能带动整个人群的回应！

巧用语气调动听众的情绪

/
成功的演讲需要恰当的语气，
语气能更好地表达演讲者的情绪，
语气也能有效调动听众的情绪，
把握好语气会令演讲者的一言一词都大放光彩！
/

一次出色的演讲，除了要有丰富的内容、优美的语言外，还要用恰当的语气来演绎。想要做一次成功的演讲，就必须把握好语气。

有一位公安战线的英雄，当他作《无怨无悔做民警》的演讲时，介绍了一次自己参与救火的经历。他首先用坚定的语气讲述道：“当我冲上四楼时，一股浓烈的煤气味从紧闭的房门缝隙钻了出来，里面还传来煤气罐‘哧哧哧哧’的喷气声。”说到这里，他的语气变得急促，听众也都屏住了呼吸注视着他。他的语速变快，声音也激动起来：“我顾不得那么多，‘砰’的一下把门一脚踹开，顿时，浓烈的煤气向我‘呼呼’地迎面而来！”他有意识地模仿当时的情景，语气也越来越激昂：“我屏住呼吸，冲进房里，扑向放在床边正在‘哧哧’地冒着气的煤气罐，突然‘轰’的一声，顷刻间我被浓烈的气浪掀得踉跄了几步，眼前一片火光，我的头发、眉毛、衣服都烧着了……”

这位英雄用形象生动又真实的语言叙述了他救火的过程，声情并茂，扣人心弦，成功地感染了听众。

演讲者的语气是促使演讲成功的“催化剂”。在演讲中顺着思想感情的起伏有效地掌控好自己的语气，就能够做到以情动人，赢得听众的理解和共鸣。

龚先生是中国某公司经理，他所在的公司被美国的两名律师维勒和特里斯骗走310万美元。这是一起重大的经济诈骗案，在西雅图法庭上对簿时，龚先生作了下面的陈词：

我们不远万里、长途跋涉来到这个陌生的城市、陌生的法庭，面对众多陌生的面孔，就是为了寻求公正。两个美国人骗走我们310万美元，欺骗了我们的真诚感情，这对我们中国人来说是一种极大的耻辱，而我们今天站在这里，花费大量物力精力钱财来证明我们是如何被欺骗的，这就如同在我们伤口上撒盐。此时此刻，我的母亲还在住院（说到此处，龚先生哽咽了，泪水模糊了双眼）……在中国，我们崇尚两种人：一种是教师，他教会我们怎样读书，怎样做人；另一种是律师，他教人什么是是与非。然而我们被骗了，欺骗我们的正是贵国很有名的两位律师。美国人民是伟大的，这样的人不属于这个伟大的民族；西雅图是美丽的，这样的人不属于这座美丽的城市。（龚先生的语调骤然变得异常激动愤怒）请想一想，310万美元，相当于人民币近3000万元（按当时的汇率计算），这对一些月薪只有50～100美元的普通中国老百姓来说，是多大的一个天文数字？中国人民辛辛苦苦挣的血汗钱，被这两个黑心人轻而易举地骗走了，我们觉得这是十分悲哀的事情，一件不应该发生却发生了的事情，我不明白，人类之间为什么要存在欺骗？

龚先生首先用深沉的语气叙述出自己遭遇的不幸，接着又用悲愤的语气痛斥骗他的律师，最后，运用反问和感叹强化自己的观点，深深地打动了陪审团成员的内心。当他陈述完毕时，陪审团的成员都很动容，法庭上的很多旁听者也对他表示了极大的同情。最后，法官判龚先生胜诉。

在演讲中，动人的声音、抑扬顿挫的音调、感染人心的语气能有效地调动听众的情绪，让听众为之动容，从而达到演讲的目的！

即兴发挥，活跃气氛

/
在演讲过程中，演讲者受到现场环境的影响，
可以在原稿的基础上进行即兴的插说，
从而让演讲更加丰富多彩！
/

即兴插说是指在演讲过程中根据现场情况临时插入一些内容，恰当的插说会使演讲者更好地投入演讲情境中，增强演讲内容的针对性，活跃现场气氛。

在一次演讲大赛中，一名选手在踏上讲台的那一刻突然回想起之前的参赛经历，于是他立刻改变了之前准备的讲稿顺序，即兴插说了一段开场白："不知道在场的各位是否记得，去年的这个时候，有一个一上台就紧张，刚开口就卡壳，最后尴尬到冷场的演讲失败者呢？那个人就是我。现在，我再一次站在同一个讲台上，但这一次我充满自信！因为我知道，失败是成功的母亲，我从哪里跌倒就该从哪里爬起！"他这段特殊的开场白使现场掌声雷动，一下子就给观众和评委留下了深刻的印象。

在演讲的过程中，演讲者经常会在讲稿中准备典型的事例来证明

某个观点，使该观点更具感染力和说服力。但是如果演讲者能从演讲现场找出一个大家都熟识的生动事例进行即兴插说，将会达到更好的论述效果。

一个学生会干部正面向全体同学发表演讲，题目为《发扬个人精神，为集体献策》。

当他的目光偶然停留在原学生会成员王某身上时，一下来了灵感，即兴说了一段话：“就拿王同学来说，大家都知道他曾是学生会优秀的卫生部部长。退出学生会后，他仍然继续组织同学去每个寝室收集废弃塑料瓶和废弃电池，并带领本班同学自发参与植树活动。他还为学生会新成员献计献策，充分表现了个人对学校、对大家、对集体的关心和支持。”讲到这里，现场立即爆发出雷鸣般的掌声，这充分表达了听众对真实事例的感动之情，同时也对演讲者的演讲能力作了肯定。

在即兴插说时，还可以适当地运用比喻的手法。通过一个有趣的比喻，可以使枯燥的理论变得生动，使抽象的概念变得具体，使原本深奥的理论变得更容易让人理解。

一位参赛选手在进行题目为《放下就是快乐》的演讲，当他谈到面对人生得失应保持平常心时，顺手拿起演讲桌上摆放的一盆小植物，即兴插说了这样一段话：“使一件事物成功的因素有很多，就像这一盆花，让它健康成长需要充足的阳光、水、土壤等。而在这些因素中，我们能掌控的只是一部分——为它定期浇水、除虫或给它注入肥料补充养分。除此之外，像天气等因素就是我们无法掌控的。所以，做事情时我们只要努力做好自己该做的，就不会有遗憾。至于结果如何，我们要保持平常心，如果失败了，放下就是快乐。”

这位聪明的演讲者用培养花的过程来比喻人们追求成功的过程，从而使自己的观点更具有说服力。

即兴插说的表现方式多种多样，掌握了这个技巧，就能充实演讲内容、活跃现场气氛，虽然学习、运用即兴插说的方式有一定难度，但只要演讲者多多思考，灵活运用，便可以逐渐提高自己的演讲水平。

随机应变，掌控全局

/
在演讲过程中，难免会发生些意外，
学会应对意外情况，巧妙控场，
对演讲者是至关重要的。
/

当演讲者发现听众的情绪或现场气氛发生变化时，要马上想办法调节，运用一些控场技巧来集中听众的注意力，驾驭现场秩序，使演讲能够顺利进行。

普列汉诺夫是俄国早期著名的马克思主义理论家。有一次，他在日内瓦发表演讲，听众中有一些社会革命党人和无政府主义者。他们蓄意骚扰现场秩序，吹口哨，乱吼乱叫，闹得演讲无法继续进行。这时，普列汉诺夫十分冷静。他双手交叉在胸前，沉默地望着场下，一副嘲笑轻蔑的表情，等会场稍微安静的时候，他大声说道："倘若我们也想用这种武器和你们战斗，我来的时候就会带着……"他顿了一下，全场听众都十分好奇，不知道他接下来要说什么。看到大家都冷静下来，普列汉诺夫接着说道："一个冷酷性感的美女。"他刚说完，会场上顿时笑声一片，连当时蓄意破坏者也开始笑了起来。现场气氛一下子改变了，之后的演讲进行得十分顺利。

一个混乱的场面如此迅速地得到改观，普列汉诺夫的控场技巧实在是让人钦佩。

由于现实因素的多变性和不确定性，现场演讲会遇到很多意料之外的事情。好的演讲者会营造一个让听众和自己完全融为一体的氛围，并确保将掌控这个氛围的总开关置于自己手中……

这是一场大型的演讲，听众听得十分认真，甚至入了迷。突然，有一个听众的椅子腿断了，摔了一跤。这动静一下子就分散了大家的注意力，减弱了演讲的效果。演讲者急中生智说道："各位朋友，现在你们都相信我所说的已经可以压倒任何异议了吧，你们看，连那把椅子都被折服了！"听众们忍不住哈哈大笑，又把注意力集中到了演讲上面，现场也恢复了平静。

在演讲过程中，如果遇到观众心不在焉、不专心听讲的情况，要想办法及时有效地激发听众的兴趣，调动听众的情绪，设置悬念法是一个非常有效的手段。

一位学者应邀到一所大学介绍自己的南极探险经历。到达现场时，他发现学生们注意力并不集中，七嘴八舌地在台下讲话。

学者没有生气，也没有马上开始演讲，而是从衣服口袋里摸出了一块黑漆漆的石头。他拿起这块石头扬了扬，说："请同学们注意看一看我手上，这不是一块普通的石头，而是一块非常珍贵的石头。它珍贵在哪儿呢？在整个日本，就只有我这里才有这么一块。这个石头来自终年积雪的南极，是我从南极探险带回来的。”一块特殊石头引起了学生们的好奇心，他们开始专心听讲座。

要做到有效控场，演讲者需要有意识地锻炼自己的思维能力，丰富和拓展自己的知识储备，逐步提高自己的观察力、分析力、判断力和应对能力。

另外，还要注意调整自己的心理素质，使自己遇到各种突发事件时都能做到泰然处之、从容有度。这样，作一场好的演讲就不会是什么难事了！

牵引互动，让听众积极参与

/
成功的演讲者应当学会跟听众互动，
通过带动听众有效参与，
使自己的观点更加深入人心！
/

在演讲中，让听众参与进来，不仅能更直接地验证演讲者的观点，还能高效地吸引听众的注意力，拉近演讲者与听众之间的距离。

在一个关于汽车刹车使用的演讲中，演讲者为了说明刹车后必须前行多少距离才能停住车，邀请了一位听众上台。他真诚地说："能请第一排那位穿红色衣服的听众上来和我一起拉卷尺向大家展示距离吗？"

那个听众欣然接受了这个简单的要求，很高兴地走上讲台，拿着卷尺配合演讲者拉出了15米的长度，简单明了地展示了刹车之后的距离。

在这个互动的过程中，全场听众全神贯注地观看了整个流程，并马上记住了刹车距离。这个互动可以说是建立在听众和演讲者之间的一座沟通的桥梁。

在一次《如何学好演讲》的讲座中，一位老师时刻注意与听众互动，使讲座取得了非常好的效果。

他的开场白是这样的：“各位，如果今天我们的大学生都想着毕业以后努力去找工作而不愿意去为别人创造工作，又哪里来那么多岗位呢？我们的工作也就自然而然地更加难找了。大家说，是还是不是？”

听众们答道：“是！”

老师继续说：“为了帮助更多的青少年获得成功，为了帮助更多的人成为社会精英，为了使我们国家成为精英国家，我们一定要认真学好演讲，并不断补充自己的知识。如果下一代因为我们的帮助，获得了成功，成为社会精英，我们国家就会更加强大，是还是不是？”

听众们答道：“是。”

接着，老师说：“在这里，我要给大家分享学好演讲的两个秘诀。第一个，我的脚下就是一个舞台。自信源自充分的准备，每时每刻，我们都要把我们的脚下当成一个舞台，不断地练习。为了练好演讲，我每天在走路的时候练习；坐公交车的时候练习；出去旅游的时候，我会站在山顶上把山下所有的大树当成我的听众，继续练习。今天我站在台上是一个舞台，你们坐在台下依然是一个舞台，因为讲师讲得好不好，在于听众的掌声响不响。各位，来和我一起把这个秘诀喊出来：‘我的脚下就是一个舞台！’”

听众们在台下大声跟着说："我的脚下就是一个舞台！"

老师接着说："第二个秘诀，只要有说话的机会就开口说话。很多朋友在生活中总是不喜欢开口说话。坐公交车的时候，发现旁边一个美女，很想认识一下，但就是不敢开口说话。参加学习的时候，发现旁边坐了一位帅哥，很想认识一下，还是不敢开口说话。各位，要想认识更多的朋友，要想让自己的口才变得更好，从今天开始，只要有说话的机会，就要怎么样？"

听众们大声答道："开口说话。"

……

老师与听众的互动，使全场的氛围非常热烈，整个演讲高潮不断。

提问也是演讲中常用的互动方式。演讲者在适当的时候，向听众提出富有针对性和启发性的问题，可以调动听众的参与热情，使他们意识到，自己也是整个演讲过程中一个重要组成部分。

有一个演讲者为了说服听众积极参与到演讲中，便组织大家一起做游戏。他先向大家提了一个问题："如何把一块空地变成公园？"并接着说道："当然，这需要花上很多钱，所以我们一起想想办法。如果决定购买并付诸行动，你们该考虑如何把钱筹备好。"

接着，演讲者把听众分成几个小组，每组若干人，并向听众提出要求："每组指定一个代表发言，我希望每组能想出5种筹钱的方法。讨论时间20分钟，现在开始。”就这样，听众们开始热烈地讨论起来，20分钟过去后，每个小组派上一位代表进行发言，演讲者对每组的发言进行了分析和比较，最终选出了一个最好的方案。

很多优秀的演讲都是演讲者和听众共同打造的。

带领听众互动，是灵活演讲的一个重要方式。做惯了长篇大论单向演讲的朋友们不妨试试这种方式，相信一定会给你和听众带来双重惊喜！

机智敏锐，摆脱“卡壳”尴尬

/
在演讲过程中，可能会遇到思维突然中断的情况。
这时，想要摆脱“窘境”，
就要充分调动自己的大脑，灵活应对！
/

在演讲中，因为主观和客观两个方面的因素，如自己的心理素质、表达能力和现场的环境气氛等，很容易造成“卡壳”的局面。“卡壳”是一个很尴尬的时刻，对演讲成功与否至关重要。想要摆脱“卡壳”，一定要从心理调节和现场调控两方面入手，灵活运用临场的应急处置技巧。

有一个演讲者因为准备不充分，在提到“青年人应当抓住机遇”的论点时，突然不知道应该怎么说下去，于是他提出问题：“我们应该怎样做才能及时地抓住机遇呢？”并请一位听众站起来回答。在听众回答后，他进行了感谢和点评。在此过程中，他积极开动脑筋，重新组织思路，准备好了后面的内容：“首先，我们要明确目标。站在人生选择的交叉路口，你是选择城市，还是选择乡镇？是到内地，还是去沿海地区？是进大机关、大单位，还是去企业、基层？是选择人员饱和的热门单位，还是到急需人才的艰苦行业？面对这种种抉择，最重要的是自己要有明确而务实的目标。”下面的演讲进行得十分顺利，听众根本就没有意识到他面临的“危险”和挑战。

演讲中语意重复一般会使听众厌烦，但是，如果我们突然中断、没了下文时，就不妨把自己刚才说过的话重复一遍，也许会帮我们突出重围。因为重复容易激活思维的“惯性”，迅速消除记忆障碍，使演讲的语意一下子就连贯起来。而且，如果衔接得当，听众还会以为我们是在强调。这样，既摆脱了尴尬，又强化了观点。

很多人因为“卡壳”而措手不及。甘地夫人曾因“卡壳”引起尴尬发誓以后不再登台演讲；雨果演讲“卡壳”时，恨不得钻到地下去。其实，当众发言时，“卡壳”现象是常有的，一旦出现后不要太急，因为一急会卡得更厉害。只要保持镇定和自信，你很快就能找到化解尴尬的良方。

英国首相撒切尔夫人在访问西德的一个工厂的时候，一阵风突然吹掉了撒切尔大人的帽子。撒切尔夫人的讲话一下子停止了，这是一个尴尬的意外，也有损领袖风范。全场变得十分安静，在众目睽睽之下，撒切尔夫人并没有因为这个意外而紧张，她举起双手，脸上立刻露出调皮又甜美的笑容，许多记者见此纷纷按下快门，记录下这有趣的一刻。

大部分人在当众讲话，尤其是面对自己不熟悉的听众时，都容易紧张。一紧张就容易“卡壳”。为了避免“卡壳”，首先要熟记发言稿，做到熟能生巧。在现实生活中，再有经验、再有技巧的发言者在上台发言之前也要再三准备，做到胸中有数，使要说的话“定格”在心中。其次要加强锻炼。久经沙场者自会摸索出一套临场应变的技巧，也会减少“卡壳”的次数。最后要加强各方面的修养。这样，自然而然就会避免出现“卡壳”的现象。

如果不幸“卡壳”时，也不要做出任何有损形象的怪动作，如吐舌头、抓脑袋、抬肩膀等。表面要从容、平静，大脑要迅速反应，寻找“衔接点”。可以放慢语速，把语句平稳地、有感情地表达出来，好像你正陶醉其中，为自己赢得宝贵的时间。如果绞尽脑汁还是找不到思路，便可以即兴发挥，从讲稿的束缚中解脱出来。当然，大大方方地看一眼发言稿，再继续演讲也未尝不可。

总之，遇到“卡壳”不要慌，综合运用自己的聪明智慧，就一定能使自己摆脱尴尬，重建自信！

第六章

恩威并举巧变通，嘘寒问暖两相亲

恩威并举是管理学中的一条重要原则，殊不知在人际交往中它同样适用。恩，包括关怀和帮助，包括宽容和体谅；威，包括批评和教育，包括坚持和抵制。恩也好，威也罢，都应该以真诚和热情为前提，真心地为对方着想，诚心诚意地嘘寒问暖，这样才能赢得真正的朋友。

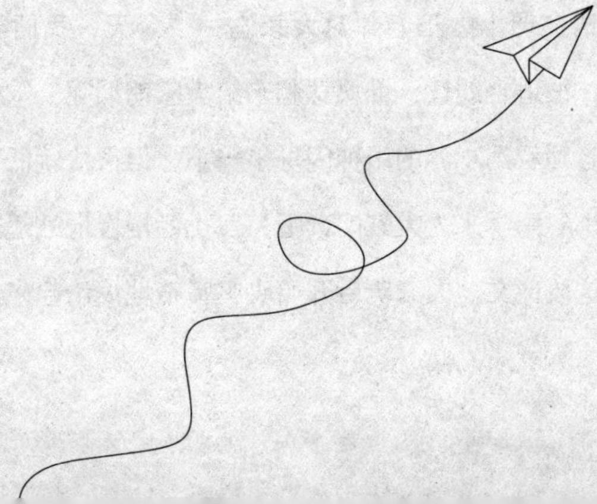

让批评的话在蜜糖里打个滚

/
如果批评不可避免，不妨讲究一下方式。
往药中加点儿糖，会让苦药更容易下咽；
往批评中加点儿糖，会让对方更容易接受！
/

许多人在听到直接批评后的第一反应是愤怒，这样的批评不但不能被接纳，反而会得罪别人。所以当你批评别人的时候，不妨让批评的话在蜜糖里打个滚，先让对方尝尝甜头，再婉转地说出其不足，就会收到良好的效果。

小冬是一位腼腆的女生，平时很少说话。很多老师都向小冬的新班主任王老师反映说小冬上课时不愿意表现自己，回答问题也从不积极，王老师决定帮助小冬改掉这个毛病。

一次语文课上，王老师对大家说："今天，我们学习的这段文字非常优美，很适合朗读，谁愿意起来给大家朗诵呢？"很多同学都举起了手，王老师看到小冬的眼神闪烁了一下，但很快就低下头，便对大家说："让小冬同学来为大家朗读吧！"小冬慢慢地站起来，用很小的声音念完了这段课文。大家听后开始叽叽喳喳地议论起来，有的甚至笑了起来，小冬很是伤心。

王老师让小冬坐下，然后对全班同学说："小冬的声音虽然有点儿小，但她的发音很标准，一个音都没有读错，大家都要向她学习啊！"小冬没想到王老师会表扬自己，抬起头，脸红红地看着王老师。王老师微笑着，继续说道："相信大家从小冬'微弱'的声音里可以体会到桂林山水是多么清幽与美妙了，不过，其他的部分要是她能读得再响亮些，会让我们更能感觉到文字的优美和作者的情感。希望小冬同学以后多多练习，进一步提高自己的朗读水平！"王老师的这番话，既让小冬感到舒服，又让她意识到了自己的问题。以后，王老师经常叫小冬朗读课文，她读得越来越响亮。慢慢地，小冬也变得开朗起来，同学和老师都很喜欢她。

王老师对小冬的表扬中有期望、批评中有鼓励，让腼腆的小冬鼓起勇气，改变了自己。由此可见，巧妙的批评不但会让别人心服口服，还能帮助别人!

1887年3月8日，伟大的美国牧师兼演说家亨利·华德·华奇儿逝世。之后，莱曼·阿伯特应邀为那些因华奇儿逝世而感到悲痛的牧师们演说。他很认真地对待这次演说，把讲道词改了很多遍，然后念给妻子听。妻子听后觉得枯燥无味，她本来想说："你写得太烂了，如果你这样演讲的话，我估计全场听众都会睡着的，这听起来就像是字典。你之前已经有很多传道经验了，怎么还会这样？看在上帝的份儿上，你为什么不正常点儿说话呢？自然一点儿！”可是妻子考虑了一下，改变了自己的说法，她只说了一句话：“这篇讲稿如果放在《北美评论》杂志上，会是一篇很优秀的文章。”这句话一语双关，一方面对这篇讲稿的内容表示了认可，同时也暗喻了这篇文字不适合公开的演讲。莱曼·阿伯特明白了妻子的意思，把精心准备的演讲稿撕了，讲道的时候他全部脱稿，即兴发挥，侃侃而谈，取得的效果好极了。

批评的本意是为了让对方接受自己的意见、改正错误。但是很多时候，忠言逆耳，很容易让人感觉难堪，批评伤及了双方感情就很难让人接受。通过“甜蜜”的批评让对方发现自身的不足和错误，比直接的批评更具有说服力。让我们都学会给批评中加点儿“糖”的艺术，让“良药”爽口，让“忠言”顺耳。

事实永远胜于雄辩

/
再有力的辩论在事实面前也变得乏力！
事实就是事实，因为无法改变，
自然掷地有声，无可阻挡！
/

在沟通中，论述事实是一个非常有效的手段。通过翔实的客观事实来论证自己的立场和观点，会使对方信服，并作出让步。周恩来就深谙这一点。

抗战初期，蒋介石为阻止日军进犯，悍然下令在河南花园口溃决黄河大堤。抗战胜利后，蒋介石出于加害解放区军队的目的，下令堵住花园口，让黄河回归故道。为延缓和阻止蒋介石堵住花园口，1946年至1947年间，周恩来作为中共全权代表与国民党代表就黄河花园口堵口和下游复堤问题进行了一系列谈判。为了谈判的胜利，周恩来不仅详细掌握了黄河堵口问题的多种具体情况的准确数据，而且在1946年7月亲临花园口视察，获取了大量第一手材料，用以论证自己“先复堤后堵口”的观点。当时的黄河故道，经八年战乱和风雨侵蚀，早已沟壑纵横，堤坝残缺，如不修复下游堤坝，疏浚河道，悍然堵口，必然会形成一个新的黄泛区，直接危及600万居住在黄河故道边的人民。周恩来的观点有理有据，因而得到进步舆论的广泛支持。

黄河下游复堤需要大量的工程款、工粮和迁移救济费，为争取这些经费，周恩来据理力争，反复要求国民党政府和联合国救济总署如期交付，履行应尽的责任。当时国民党当局的一个代表煞有介事地从所谓工程技术观点出发，说什么“假定”堵口后水并不大，“估计”下游损失并不重，则“无须救济”等，周恩来义正词严地驳斥说：“人民所遭到的痛苦和损害，必须以科学方法去对待，经验估计和主观假定，皆不可作依据，怎么能把如此重大的问题的考虑，放在一个‘假定’之上！”说得对手哑口无言。

摆事实，讲道理，以理服人，不强加于人，是周恩来谈判的一贯风格，在国际外交中也是如此。

在中缅就边界问题进行谈判时，双方曾就民族问题的处理发生分歧，周恩来始终以事实为依据讲道理，耐心协调双方的思路，带动、促使对方做进一步的考虑。由于周恩来坚持以事论理，以理服人，所以他在谈判中的意见常常处于上风，而且让对手容易接受。

用事实说话，会让对方无言以对，减少不必要的争执和辩论！

在沟通中，巧妙地摆出事实，不仅能让对方信服，还能得到别人的尊敬和佩服。

小王是某大学中文系的博士生，博士毕业后，被分到一所名牌大学中文系担任实习老师。该大学的中文系历史悠久，很多老教师资历丰厚，因此平时难免有点儿目中无人，小王实习了一段时间后就感觉出来了。但小王觉得这些老师们学识渊博，因此仍然敬重他们。

一次，中文系要办一次演讲比赛。小王和一位老教师老刘负责安排、设计演讲的整个过程。老刘快60岁了，很快就要退休了。他为人固执，听不进去别人的意见，因此，当得知小王要跟他合作时，大家都替小王捏了一把汗。

果然，在设计比赛环节时，两人起了争执。老刘要坚持沿用一般演讲比赛的方式，觉得比较保险，不会出问题。而小王则有新的想法，他认为可以设置很多互动环节，让参赛选手和评委老师互相搭档，从而使比赛更加生动有趣。两人都坚持自己的观点，谁也不愿意让步。为了说服老刘，小王开始认真地分析目前中文系的现状：本来中文系应该充满活力，但现状是这几届的学生普遍低调，平时也不搞什么集体活动，跟老师的联系也不紧密。如果把比赛变得新颖有趣，可以调动同学的积极性，也可以扩大中文系在学校的影响。而且，比赛的互动环节也是参考借鉴别人的成功经验设计的，很容易执行。如果按照老刘的方式，整个比赛的确更容易掌控，但是会少了很多趣味和灵活性，很难引起大的反响。老刘听后，觉得很有道理，便同意了小王的想法。

小王通过摆事实，打消了老王的固执，顺利地实现了自己的想法。

细心揣摩，方能把话题引向深入

/
在人际交往中，不可忽视细节，
对一些重要细节进行揣摩，
你必能有许多新的发现和收获。
/

在交往中，我们要与不同身份、不同性格的人打交道。如何才能尽快掌握对方的性格特点及兴趣爱好，并针对这些将谈话引向深入，需要我们细心观察，认真揣摩。

有位小伙子去拜访准岳父。到了女友家后，细心的小伙子发现女友家的茶杯、茶壶、碗碟等用具都是非常精致的青花瓷器，马上就判断出老爷子喜欢什么。在和准岳父交流的时候，他便有意地称赞说："这些青花瓷器古朴典雅，精美极了，用起来也是非常舒适，真是好东西！"小伙子的一番话令老爷子很高兴，他们马上便有了共同的话题，谈得非常投机。不用说，准岳父自然对这位准女婿很满意。

这位小伙子通过揣摩准岳父的喜好而一举赢得了老人的欢心。由此可见，谈话中多花点儿心思必然收获多多。

一天，华先生和太太去拜访多年未见的老姑妈。这位老太太只身住在一栋宽敞的大房子里，家里的装饰用具都非常考究。

老姑妈有过一段金色年华：她曾是那么美丽、动人，每个认识她的男士都想追求她。她拥有幸福美满的婚姻。后来，她和丈夫建造了这所纪念两人爱情的大房子，还从欧洲各地精心搜集来许多珍品摆饰。

华先生陪着老姑妈闲谈起来，他一边谈话一边细细地观察房里的一切。

“这幢房子是1890年建造的，是吗？”他问道。

“是呀！”老姑妈回答道。

华先生又说：“这使我想起我诞生时住的那幢房子，那真是美极了。建筑好，室内又宽敞。可惜，现在的人都不再讲究这些了。”

“说得也是，”老姑妈点点头说，“现在的年轻人，都不讲究住好看的房子。他们所需要的只是几间起居室，一个冰箱，还有一辆可以开出去兜风的轿车。”

老姑妈满怀深情地回忆说：“这是一所梦幻之家——它是用爱心建成的。我和我丈夫在未盖这房子以前，就已梦想多年，我们没有请建筑师，完全是自己设计的。”

她领着华先生到各个房间参观。华先生从老姑妈热烈的眼神中感到了她对自己房子的在乎，于是对房里摆放的法式铁床、英式古镜、意大利名画以及曾挂在法国皇帝宫廷里的帷帐等，都真心地加以赞美。

参观完各个房间之后，他们又来到了车库——那里停放着一辆崭新的豪华汽车。

她轻声地说："这车是丈夫去世前为我买的，我做梦都不会想卖掉它——我决定把它送给你，只有你懂得珍惜美的东西。"

华先生大吃一惊，坚决推辞，但老姑妈表示：现在的她已是风烛残年，时日无多。子女们虽然事业有成，但都非常忙，没有人注意到她这个老太太喜欢什么、需要什么，所以她孤独而寂寞。而华先生的到来给她带来了久违的开心，为了感谢华先生让他度过了愉快的一天，她决心把这辆车作为礼物相赠。更重要的是，这辆车寄予着她和丈夫之间的深情，只有华先生才能理解这种感情，也才会因此而爱惜这辆车。最后，华先生推辞不过，只能接受了姑妈的馈赠。

在沟通中，摸清别人的心思，就能把话说到对方的心坎儿上，很容易打开对方的话匣子，并赢得对方的真心。

小王是某电子铁芯厂缠绕车间的职工，她创造了该厂缠绕操作的最高纪录，引起了老板的极大兴趣。这时，善于揣摩老板心理的生产科长向老板建议说："老板，如果我们召开一个技能操作现场会，让小王当面给大家介绍操作经验，就能以点带面，大幅度提高生产效益。"老板正在考虑怎么宣传小王这个典型，生产科长的话正中自己的下怀，于是，他当即采纳了这个建议。此后，老板对生产科长刮目相看！

雪中送炭必然好过锦上添花

/
每个人都有遇到困难的时候，
热心地询问对方的难处，
并给予理解和帮助，
必然会让对方对你充满感激！
/

现实生活有喜有悲，在别人有困难的时候，热情询问，尽自己所能努力帮助，就能收获沉甸甸的信任！

马克思和恩格斯之间的伟大友谊让世人为之动容。他们在领导国际共产主义运动的伟大斗争中，团结作战，患难与共。尽管条件艰苦，但是他们在对方困难的时候总是热情询问，竭力帮助，共同渡过难关。

1848年大革命失败后，恩格斯不得不回到曼彻斯特营业所，从事商务活动。这使恩格斯十分懊恼，他曾不止一次地把它称作是“该死的生意经”，并且不止一次地下决心：永远摆脱这些事，去从事他所喜爱的政治活动和科学研究。然而，恩格斯一想到被迫流亡英国伦敦的马克思一家经常以面包和土豆充饥，过着贫困的生活时，他就抛开弃商的念头，咬紧牙关，坚持下去，并取得了成功。他这样做，为的是能在物质上帮助马克思，从而使朋友，也使共产主义运动最优秀的思想家得以将全部精力投入对共产主义运动的研究，使《资本论》早日写成并得以出版。

于是，每个月，有时甚至是每个星期，都有一张张的汇票从曼彻斯特寄往伦敦。

1863年1月7日，恩格斯的妻子玛丽·白恩士患心脏病突然去世。恩格斯以十分悲痛的心情将这件事写信告诉马克思。信中说："我无法向你说出我现在的心情，这个可怜的姑娘是以她的整颗心爱着我的。"第二天，1月8日，马克思在伦敦给曼彻斯特的恩格斯写回信。信中对玛丽的噩耗只说了一句平淡的慰问的话，却不合时宜地诉说了一大堆自己的困境：肉商、面包商即将停止赊账给他，房租和孩子的学费又逼得他喘不过气来，孩子上街没有鞋子和衣服……贫苦的生活折磨着马克思，使他忘却了、忽略了朋友的不幸。处在极度悲痛中的恩格斯收到这封信，不禁有点儿生气了。从前，两位挚友之间常常隔一两天就通信一次，这次，一直隔了5天，即1月13日，恩格斯才给马克思复信，并在信中毫不掩饰地说："这次我自己的不幸和你对此冷冰冰的态度，使我完全不可能早些给你回信。我的一切朋友，包括相识的庸人在内，在这种使我极其悲痛的时刻对我表示的同情和友谊，都超出了我的预料。而你却认为这个时刻正是表现你那冷静的思维方式的卓越的时机。那就听便吧！"

波折既已发生，友谊经历着考验。这时，马克思并没有为自己辩护，而是做了认真的自我批评。10天以后，当双方都平静下来的时候，马克思写信给恩格斯说："从我这方面说，给你写那封信是个大错，信一发出我就后悔了。然而这绝不是出于冷酷无情。我的妻子和孩子们都可以作证：我收到你的那封信（清晨寄到的）时极其震惊，就像我最亲近的一个人去世一样。而到晚上给你写信的时候，则是处于完全绝望的状态之中。房东打发来的收租人员在我家中等着，同时我还收到了肉商的拒付期票，家里没有煤和食品，小燕妮卧病在床……"出于对朋友的了解和信赖，收到这封信后，恩格斯立即谅解了马克思。1月26日，他在给马克思的信中说："对你的坦率，我表示感谢。你自己也明白，前次的来信给我造成了怎样的印象……我接到你的信时，她还没有下葬。应该告诉你这封信在整整一个星期里始终在我的脑际盘旋，没法把它忘掉。不过不要紧，你最近的这封信已经把前一封信所留下的印象消除了，而且我感到高兴的是，我没有在失去玛丽的同时再失去自己最老的和最好的朋友。"随信还寄去一张100英镑的汇票，以帮助马克思渡过困境。

1864年，恩格斯成为曼彻斯特欧门·恩格斯公司的合伙人，对马克思的援助力度更大了。几年后，他把公司合伙股权卖出以后，每年赠给马克思350英镑。这些钱加起来，大大超过恩格斯的家庭开支。

对马克思来说，正是因为接受了恩格斯的帮助，才保证了自己能对刚刚兴起的科学社会主义进行有效的指导，并进一步揭露资本主义的根本缺陷。

马克思和恩格斯是亲密无间的朋友，他们所有的一切，无论是金钱还是学问，都是不分彼此的。

马克思在病重期间，曾告诉女儿爱琳娜说，希望恩格斯能为他尚未出版的《资本论》第二卷和第三卷“做出点儿什么”来。当然，即使马克思没有提出这样的要求，恩格斯也会去做的。

从1883年马克思逝世时起，整整十年，恩格斯放下自己的工作，尽力从事《资本论》后两卷手稿的整理、出版，补充了许多材料，重新撰写了一些篇章，使《资本论》第二卷和第三卷得以在1885年和1894年问世。

马克思和恩格斯作为无产阶级的伟大领导人，在工作和生活中相互理解、相互帮助，终于成就了一番伟业。他们的伟大友谊让每个人都赞美不已，而他们之间互帮互助的事迹更值得我们学习！

伟人都需要理解和帮助，更何况我们凡人呢！所以，在日常的沟通中，我们应该主动询问、理解别人的难处，慷慨地伸出援助之手，在别人最寒冷的时候送去温暖，最艰难的时候送去慰藉！

好钢要用在刀刃上

/
在别人最在乎的事情上表示关心，
会让对方感动不已，
彼此之间的关系也会因此而得到改善！
/

每个人都有自己在乎的东西，当在乎到了一定程度，就会变得有些敏感。如果别人也认可并跟自己一样在乎，就会很开心；如果别人没有注意到，就会很失落。所以，在沟通中如果能注意观察，多关心别人在乎的事情，就会很快拉近与别人的关系！

杰克和不少朋友的家人都相处得很好，其中，他与一位朋友的夫人建立的友谊甚至超过了这位朋友，那么，他是怎样做到这一点的呢？

原来，杰克和这位朋友是同事，两个人同时参加了一次宴会，在那次宴会上，杰克认识了同事的夫人。

杰克是一位心思缜密的人，当他跟朋友夫人握手时，瞬间便感受到这位女士气度不凡。并且，他很敏锐地看到夫人佩戴了一个非常精美别致的坠子。于是，在接下来的交谈中，杰克对夫人说："你佩戴的这个坠子很少见，非常特别，我以前见过类似的，但是都没有你这个精致！”夫人听后，非常开心，这个坠子是她的心爱之物，是花了很高的价钱才买到的。她平时很少佩戴，只有在出席重要宴会的时候才随身佩戴。遗憾的是，尽管她把坠子佩戴在很显眼的位置，但从未有人注意过或者说点儿什么。今天，杰克先生对自己最在意的坠子表示了关心和赞美，让夫人联想起有关坠子的种种往事。从那以后，她便视杰克为自己的好朋友!

关心对方最在乎的事情，能以很少的心力赢得别人的好感和真心，何乐而不为呢?

在日常沟通中，忧对方之所忧，不仅能解除别人的烦恼，还能巧妙地帮助自己!

小雨经营一家保健食品店。由于他善于观察、思考，留意顾客的喜好，因此他的生意红红火火。

一天下午，一位顾客光临，小雨满脸带笑诚心诚意地说：“欢迎光临。”那位顾客听到这热情的问候，全身都感到非常舒坦，因此也不由得笑了起来。

小雨接着说：“您看起来真年轻，想要买点儿什么产品呢？”

顾客答道：“我想买些能够强身健体的保健品。”

小雨细细打量着顾客，心想：“这小伙子看上去也就20来岁，他的身高不到170cm，身材也偏瘦，来买保健品一定是想让自己更强壮一些，或者，他可能更希望自己能长高一些。”

想到这里，小雨马上热情地对顾客介绍说："先生，不瞒你说，我们店的确有很多强身健体的产品，不过，不同的产品有不同的疗效，依我看，你最好选择我们店的Z产品，同时搭配我们专门选定的蛋白粉，不仅能让你骨骼强壮，身姿挺拔有力，还能长高几厘米呢！""还能长高？你说的是真的吗？"果然不出所料，那个顾客一听可以长高马上来了兴致。原来，这个小伙子一直因为自己身材偏矮而苦恼，甚至有了心理阴影。他曾热烈地渴望过自己可以再长高一点儿，不过，这个想法好像有点儿不现实，所以他就想通过吃保健品使自己的身体更强壮，从而显得自己高大一些，现在小雨的一番话点燃了他内心的渴望，但他对此还有点儿怀疑。

小雨见此，笑着拍了拍他的肩膀："我说哥们，看起来你的年纪也不大吧！""我21岁了！""那还不算太晚，相信我，吃我给你搭配的保健品，然后多做运动，就一定会有效果的！"小雨说这话也是有根据的，因为他知道有的男生在25岁之前如果营养和运动搭配合理，的确可以继续长高。顾客听了小雨的进一步讲解，激动不已，紧紧地握着小雨的手："太感谢了，如果我吃完产品后有效，一定好好地报答你！"

建言献策，帮别人拨开迷雾

/

在别人担忧和疑惑的时候，热心参与，
从旁观者的角度给予合理有效的建议，
会让对方心存感激，并回报以真诚！

/

当一个人有了疑惑和忧虑时，特别希望能得到别人帮助。如果这个时候我们伸出援助之手，为他指点迷津，必能赢得一个真心的朋友！

小静和小慧是一起到公司的同事，两个人平时互相帮助，关系非常好。

最近，小静发现小慧好像有什么心事，工作效率不如以前不说，连跟她说话时她也常常走神，有点儿心不在焉。而且这些日子小慧早晨经常迟到，白天也没有精神，常常犯困。

小静很为小慧担心，于是中午吃饭的时候，小静关切地说："小慧，咱俩交往虽然才几个月，但我感觉咱俩特投缘，我把你当作好朋友，你呢？"小慧一听，连忙点头："是的，是的，我们是好朋友啊！""那么，是朋友就应该互相帮助，看到你最近精神状态不好，我也跟着难受。你能把你的困扰跟我说说吗？或许我能帮点儿忙呢！"小慧一听很是感动，不好意思地说："小静，我本来不该瞒你，可这都是不确定的事情，我谁也不敢告诉，只能自己胡思乱想。你知道，我是四川人，可我是在北京读的大学。当时我们班上有一个男生对我很好，平时总是有意无意地关心着我。他长相很出众，能力也不错，而且，他的个性非常温和，当时我就很喜欢他。不过，他从未跟我说过什么，只是保持着一般的朋友关系，我当时也很理解他：北京土生土长的人，还是家里的独生子，自然不会离开北京。而我是四川人，北京的环境很不适合我，我必然要回老家去，我们两个很难在一起。我以为这件事毕业了就算断了，谁知半个月前他也到了成都，跟我说他喜欢我，在乎我，不能没有我，希望能跟我在一起。现在他在成都落了脚，有了工作，但是我却有点儿不知所措了。我知道他是真心的，也付出了行动，可是我反而不确定自己是不是喜欢他了。毕竟以前也只是有好感，没有正式交往。我现在的想法不知道该怎么跟他说，如果我拒绝他会伤害他，但是答应他我又担心相处后会发现彼此不合适，到时候该怎么办？毕竟他放弃了很多来到成都，一心一意想跟我在一起的。小静，你说我该怎么办呢？"

小静听了这番话，感觉小慧承受的心理压力太大了。她握着小慧的手，慢慢地分析道："小慧，你的担忧也不是没有道理，虽然那个男生……对了，他叫什么名字啊？""他叫郝晶！"小慧不好意思地说。"郝晶，嗯，虽然郝晶大老远地奔向了你，但是你却不能确定自己的内心，所以不想贸然答应他。不过，我刚刚听你说话的语气中，感觉夹杂着一点怨恨：当初郝晶因为彼此的地域关系而没有跟你表白，所以你的心里一直有‘阴影’。现在他跟你表白了，你反而又不知道该不该接受了。小慧，你想想，你一直没有跟别人交往过，是不是因为心中有他的缘故呢？或许，你也想跟别人交往，但是一跟郝晶做比较，就会不满意，所以，你最在意的还是郝晶，对不对？”小慧沉吟良久：“好像是这样，怪不得我总是对别的男生提不起兴趣！你是怎么知道的？”“当局者迷旁观者清嘛，再说了，我们的关系也不一般啊。”小静见说中了小慧的心事，又接着说道：“所以，你不要犹豫不决了，在我看来，你就是因为被大学那段含糊不清的关系给‘伤害’了，才不敢接受这份感情。小慧，听我的，大方地跟他相处。如果你们发现彼此真的不合适，那就做朋友好了，没有什么大不了的，不要给自己太大压力。这个周末你就见他一次吧，也别把人家一直吊着，刚毕业，大家都不容易啊！成了之后可要请我吃饭啊，我们一起去玩个痛快！”

听了小静的分析，小慧的心里畅快多了。她的思路开始明朗，整个人也变得精神十足。这不，周末的时候，她还开心地赴约了呢！

小静在小慧烦恼的时候，主动开解、劝说她，使小慧摆脱了烦恼！这件事以后，小慧和小静的友谊更加牢固了！

第七章

积极管理好情绪，你欢我乐笑开颜

“光阴负我难相遇，情绪牵人不自由。”喜怒哀乐伴随着每一个人，要想保持良好的人际交往，一定要管理好个人的情绪。良好的情绪会减少不必要的争执和麻烦，让自己的人际关系更稳定、牢固。做自己情绪的主人，让欢声笑语永远围绕在你的身边！

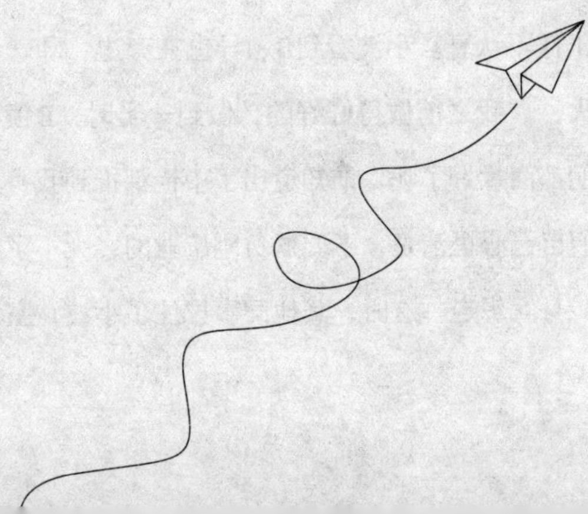

冲动是沟通的拦路虎

/

冲动是魔鬼，它常常趁我们不理智的时候冒出来，
让我们的弱点显露无遗。
它阻断了我们跟别人沟通的途径，让我们陷入孤立。

/

冲动是与生俱来的，它是生命的一种特性。我们所能做的，就是尽量把冲动这个魔鬼禁锢在自己的内心深处，不让它跳出来伤害别人。

小波毕业后到了文化局工作。有一次，文化局要举办晚会，便让小波负责接待工作。当时小波有两个直属领导，一个是A，一个是B。开始给小波安排任务的是A领导，但当小波的准备工作做到一半的时候，B领导又调整了工作安排，小波接下来就按照B领导的指示去做了。

晚会那天，小波的接待工作出现了漏洞。A领导找到了小波，严厉地批评他工作不认真。小波看到B领导也在旁边，却一句话也不说，当时就发了火："我之前做得好好的，做到一半时，B领导让我那样做。我以为你们都商量好了呢，谁知道出了事情都推到我身上。我也不想多解释，你们自己心里清楚，不要欺负刚毕业的，大不了我不做了！"说罢，小波转身就想走。这时，其他同事拉住了小波，主任也过来了，替

小波解了围。小波的父亲和主任是老交情，A、B领导看到主任来了，也就没跟小波计较。

不过从那以后，小波就得罪了两个领导，工作中一直不顺心。后来主任调走之后，小波只得从文化局辞职了。

冲动是沟通的拦路虎。在上面的案例中，本来小波是有理的，但是因为年轻气盛，被冲动的魔鬼控制了头脑，结果得罪了领导，丢掉了工作。

当你被冲动的魔鬼诱惑时，一定要让理智来助阵，让冲动紧急刹车，这样不仅可以避免很多不必要的争执，有时还会得到意想不到的收获。

二战期间，到处烽火连天，乔治被迫逃亡瑞典。之前，他曾在维也纳当过很多年的律师，生活阅历很丰富。到了瑞典，他已身无分文，生存的压力迫使他必须尽快找到一份工作养活自己。

乔治学过好几门外语，读写能力都不错，因此他想到一家进出口公司找份秘书的工作。他给很多公司写信，谈了自己的想法，请求他们录用自己。但绝大多数公司都回信告诉他，现在正值战争期间，他们不想增加人员，不过他们已把他的名字存入档案，等有需要的时候就会联系他。

其中有一封回信这样写道："你对我们生意的了解是完全错误的，我根本不需要任何替我写信的秘书。你看起来既愚昧又笨拙，即使需要一个秘书，我也不会请你，因为你甚至连瑞典文都写不好，信里全是错字。”

乔治读完这封信后怒火中烧，他简直要疯了。对方太讨厌了，自己的瑞典文写得狗屁不通、错误百出，还胡乱指责别人，简直太狂妄了。于是他也写了一封信，想气气那个高傲无礼的家伙。他甚至想到了那个人看到这封信时那副气急败坏的样子。

就在乔治要寄出这封信时，他转念又想：等一等，或许这人说得也有道理。我是学过瑞典语，可毕竟它不是我的母语，或许我真犯了很多我不知道的错误。如果真是这样，我想找到一份工作，就必须努力学习瑞典语。这个人可能帮了我一个大忙，尽管他本意并非如此，我应该写封信感谢他一番。于是，他写了一封感谢信。

乔治的这封感谢信令那位给他写信的老板很是诧异，也令他很感动，最后乔治被这家公司破格录用。

冲动一定不会有好结果，但是克制冲动呢？很有可能会有好结果。所以在日常交际中，我们要保持冷静克制，凡事三思而后行。

口舌之快贪不得

/
很多时候，
人们都是因为一些不经大脑思考、脱口而出的只言片语，
给自己带来了许多不必要的麻烦。
/

俗话说：“恶语伤人六月寒。”有的人只为一时痛快，却没意识到脱口而出的那些不经思考、自以为是的言语已经深深地伤害了他人。

油脂店的李老板给某食品厂送去了一吨花生油，但是食品厂田老板迟迟没有付款，因为食品厂当时的生意不好，销出去的食品也有许多账没有要回来。这样一来，就形成了尴尬的三角债。

日子久了，李老板有些着急。他打电话去食品厂催债：“喂？是食品厂的田老板吗？”那天是田老板的妻子小芳接的电话：“他不在，请问您是？”老李听出来是小芳，就说：“嫂子，你问我是谁？我是给你们送花生油的老李！他居然躲着我不敢接电话让你接啊！你告诉他，他就算钻到地底下我也要见他，这花生油的钱已经拖得够久了！还有，如果他打定主意不想还油钱的话，我就诅咒他出门就遇上车祸！”

“李老板呀！亏您有这份心，他现在就在下边等着你呢！你可要抓

紧点儿！还有，说话积点儿德，每个人都有遇到意外的时候！”小芳说完就把电话挂断了。

老李有点儿蒙了，这是怎么回事呢？一打听才知道，原来前段时间田老板在要账的路上被一辆车给撞死了。得知这消息后，老李后悔莫及，自己不了解情况就打电话贸然催债，并因为一时激动说出了过激的话，小芳肯定以为自己是故意“恶”言相伤呢！这下子，花生油的钱是不好意思再要了，自己跟食品厂的交情也完了！

口舌之快逞不得，一时的口舌之快，轻者可能伤及他人的面子，重者则会伤害他人的自尊和情感。

戴尔·卡耐基年轻的时候比较好胜，在第二次世界大战刚结束的一天晚上，卡耐基在伦敦参加一场为罗斯·史密斯爵士举行的宴会。宴会上，坐在卡耐基右边的是一位十分健谈的先生，他给大家讲了一个幽默的故事，并且引用了一句 “谋事在人，成事在天”的俗语，还指出这句话是出自《圣经》。卡耐基知道这句话的出处绝对不可能是《圣经》，这位先生肯定搞错了，于是卡耐基立即纠正他说：“先生，您说错了，这句话出自莎士比亚的作品！”那位先生听后立刻反驳：“怎么可能！明明是《圣经》，我确定！”卡耐基的老朋友法兰克·葛孟当时就坐在卡耐基的左边，他此前已经研究莎士比亚著作多年，自然知道那位先生的确说错了，但他并没有和卡耐基一起纠正，却在桌子下面踢了卡耐基一下，然后说：“戴尔！你说错了！那位先生才是对的！那句话确实出自《圣经》！”葛孟的这一举动让卡耐基十分不解。当晚回家的路上，卡耐基问葛孟：“法兰克！你一定知道那句话是出自莎士比亚的！”“是的！我当然知道。”他说，“出自《哈姆雷特》第五幕第二场。但是亲爱的戴尔，那位先生是宴会被邀请的客人，为什么一定要证明他错呢？这样对你有多大好处？为什么不给他留点儿面子呢？他并没有征求你的意见啊！他并不需要你的意见，你又为什么一定要跟他争论呢？戴尔，不要和别人发生正面冲突！”

是啊，我们没有必要因为贪图一时的口舌之快就跟别人发生正面冲突。多一事不如少一事，管住自己的嘴巴，一切都会平静而和谐！

在日常交际中，我们应当尊重他人，讲究说话的技巧，切忌贪图口舌之快，“恶”语伤人。

用冷静浇灭嫉妒的邪火

/
嫉妒之火一旦燃烧起来既害人又害己。
我们要在嫉妒的火苗刚有苗头时请来“冷静”之水，
果断地阻止它的蔓延！
/

当看到别人在某一方面比自己优秀或优越时，人们往往就会产生一种由羡慕到嫉恨的心理。嫉妒是人的天性，但一个聪明人要学会控制自己的嫉妒心。

哥伦布发现美洲之后回到了西班牙，女王十分高兴，热情地为他举办宴会。酒宴上，很多王宫贵族、名流大臣都表示不屑，他们瞧不起这个连爵位都没有的哥伦布。他们嫉妒他的功劳，却只能在口头上加以讥讽。

“有什么了不起的，不就是发现新大陆嘛，换作我出航，也一样能发现。”

“驾驶航船的时候，只要确定一个方向，一直向前开，准能发现，这并不是什么难事。”

“这也太容易了吧！女王就为了这点儿事为他举行这么盛大的晚

宴，没必要吧！”

听了这些，哥伦布并不生气，他微微一笑，拿起桌上的一个鸡蛋对大家说：“尊敬的各位先生！你们谁能把这个鸡蛋立在桌子上？”

于是，这些自以为是的贵族们纷纷开始尝试立起桌上的鸡蛋，但他们想尽了各种办法，谁都做不到。

“鸡蛋是椭圆形的，怎么可能立起来，你立给我们看看！我们都立不起来，你怎么可能立起来？”一位贵族大声说。

所有人都盯着哥伦布，只见哥伦布不慌不忙，拿起鸡蛋往桌子上磕了一下，“砰”的一声，鸡蛋破了，稳稳地立在了桌子上。

看到这样的答案，大臣们很不服气，又嚷嚷起来：“这谁不会啊！太简单了吧！”

哥伦布笑着说：“是啊！这是很简单！那之前你们怎么就是想不到呢？”

哥伦布一句话拆穿了贵族们卑劣的嫉妒心理，让他们很难堪，同时也很惭愧。

嫉妒是人际交往中的毒瘤。嫉妒的不良情绪积累多了，常常会在某一个偶然的环境下爆发出来，后果伤人又害己。

小白和小燕是大学里同宿舍的好朋友。两个人都是销售专业，平时小白学习成绩优异，是班级里的佼佼者，而小燕则成绩一般。每到期末考试的时候，小燕总是请求小白为自己做辅导，小白也都很认真地进行讲解。

两个人性格都很直爽，因此平时走得很近。小白争强好胜，非常有优越感，小燕则与世无争，两个人关系非常融洽。

毕业的时候，小燕去了杭州一家木材公司做了销售人员，而小白则去了大城市上海——她发誓要闯出一番名堂。

谁知道出师不利，小白一来没有任何关系，二来因为水土不服，结果在上海挣扎了一个月后，依然没能找到工作。这时，她想到了小燕，便跟小燕说了自己的情况。小燕很好心地把她介绍给自己的老板，并让她跟自己住在一起。

小燕在老板面前夸奖了小白一番，老板决定录用小白，并让她跟小燕一起做销售员，负责东北地区的产品推广和销售。

小白平时学习成绩优异，因此她觉得工作起来也是一件非常容易的事情。可是一个月过去后，小白仅签成了一份小单子，而平时又笨又傻的小燕却签成了5笔单子，其中有两笔是很大的单子。这让小白的心里很不是滋味。下班回家后，小燕跟她谈论客户的事情，小白很不友好地说："你有那么多客户，还唠叨什么啊！"小燕不知道小白为什么这样对自己，很是诧异。

又过了一个月，公司将要派员工去沈阳出差。小白很想去，因为她家就在沈阳，她想顺便看看父母。谁知道公司竟然派小燕去，原因是小燕联系了大量的客户，所以能完成公司的任务。

小白非常气愤，在小燕收拾行李的时候，语气酸酸地说：“看来有的人运气就是好啊，瞎猫碰到死耗子，竟然还能天天都吃饱。”小燕很伤心，但是她觉得小白没有去成，心里不好受是正常的，也没跟她计较，依然微笑着面对她，并承诺给她带礼物回来。

小燕走后，小白越想越气，她认为自己能力优秀，现在的待遇却比不上小燕，同学们都会耻笑自己。于是她开始给大学同学打电话抱怨，跟这个说一通，跟那个聊半天，归根结底就是说自己运气不好，现在连小燕都比不上。

小燕回来后，发现有同学在网上给自己留言要小心小白，知道小白是因为嫉妒自己才对自己冷淡的。小燕很伤心，她觉得跟小白之间有了隔阂。

小燕出差成功地完成了任务，自然受到了领导的表扬，这却让小白的嫉妒之火烧得更旺了：“我从来都是佼佼者，谁也不能比我强。”她开始故意跟小燕作对。每当小燕加班要用电脑时，她就霸占着电脑不放；她知道小燕睡眠不好，不能熬夜，怕吵，有灯光也睡不着，她就故意看电视到很晚，声音开得很大，当她听到小燕翻来覆去的声音时，内心感觉无比畅快。

就这样，又过了两个月。小燕因为工作表现出色，受到了领导的重点培养。这时，小燕主动要求到新建的东北分部工作。公司同意了小燕的要求，还任命她为部门主任，小燕终于摆脱了小白。

宽容别人就是善待自己

/
"水至清则无鱼，人至察则无徒"，
太较真的人心里容不下别人，
最后只能走入死胡同。
其实，宽容别人就是善待自己。
/

较真是因为把事情看得太重。其实，有些小事不必太在意，轻装前行岂不是更轻松?

最近小丽总听到丈夫抱怨附近超市的服务员态度不好，像是谁欠了她几百元钱似的。后来小丽了解到了那位女服务员的情况：丈夫有外遇离了婚，老母亲瘫痪在床，上小学的女儿患哮喘病，一家三口挤住在一间12平方米的平房。难怪她一天到晚愁眉不展。小丽把这些告诉了丈夫，丈夫从此再也不计较服务员的态度了，甚至还让小丽平时帮她一把，为她做些力所能及的事。

每个人都有自己的难处，别人不小心冒犯自己也许是另有原因。我们应该宽容对待，不要太计较。较真的人不懂宽容，不知变通，往往会把矛盾激化。

在一个宾馆的大门前，一辆车要出去，一辆车要进去。但大门只能容一辆车进出，两辆车无法同时行驶，于是出去的想先走，进去的也不让路。

在双方僵持了几分钟后，其中一方忍不住了，下车就踢对方的车门。对方也不是好惹的，结果双方大打出手，车被砸了，人也受了伤。

后来，此事惊动了警察，在当地造成了恶劣的影响。

本来很简单的一件事，只要其中一位让一下就没事了，结果因为这两人不懂宽容，不仅人车受损，还影响到了别人。

有位智者说，大街上有人骂他，他连头都不回，他根本不想知道骂他的人是谁。由此可见，宽容不仅是一种美德，更是一种智慧。

一代才子苏东坡先生不仅诗文出众，还喜欢参禅。他交有一位好友，是个大和尚，名叫佛印。苏东坡经常凭借他的过人天赋，在佛印面前卖弄，想作弄他。

有一次，苏东坡到金山寺与佛印一起坐禅。坐了一个时辰，苏东坡觉得身心通畅，内外舒泰，便忍不住问佛印："你看我坐禅的样子如何？"

佛印看了一下苏东坡，点头赞道："像一尊佛。"苏东坡听了非常高兴。这时，佛印随口也问道："你看我的坐姿如何？"苏东坡想要气气佛印，便说："我看你像一堆牛粪！"佛印听了，并不动气，只是置之一笑。苏东坡见此得意非凡。

一回到家中，苏东坡便得意地把当天的事情告诉了妹妹，还说："我今天赢了佛印，真是痛快！"苏小妹颇不以为然地说："哥哥，其实今天输的是你啊！佛印的心中有佛，所以才看你如佛；你心中有粪，所以才视佛印为粪。"

佛印不与苏东坡较真，反映了他内心的清明和大智慧。

俗话说："退一步海阔天空，忍一时风平浪静。"所以，我们一定不要太较真。与人相处时，要以"难得糊涂"自勉。凡事都要尽量做到"大事化小，小事化了"，从而实现求大同存小异。只有这样，才能成大事、立大业，使自己成为不平凡的人。

良性沟通从少说“我”开始

/
沟通注重双方共同的立场，
如果不顾别人的感受过分强调自己，
只会让别人讨厌并远离你！
/

在沟通中，只强调自己的人是自私的，这样的人与别人交往时必然产生问题。

小虎和小马是公司新来的设计员。春节前夕，他俩带了礼物去拜访上司，感谢上司的关照。

上司请两人在客厅就座，很热情地请他们喝茶，让他们感觉非常温暖！

上司还放了音乐，三个人在愉快的氛围中轻松地聊着家常。上司询问两个人的工作情况，小虎一下子便打开了话匣子：“我感觉工作环境不错，工作起来很舒适；我周围的同事很照顾我，彼此相处得都算不错；附近的饭店卖的菜我也很愿意吃；平时上下班坐地铁很方便，很多人都没有座位，但我都能抢到座位……”上司听了小虎的话后，眉头微微皱了一下，不过，他很快就笑了：“年轻人就是有活力啊，好，好！”接着，他把目光看向了小马，小马有点腼腆地说：“我来公司三个月了，感觉学到了很多东西，经验也积累了一些。特别是我旁边的老同事，在我不会的时候总是耐心指教，让我进步很快。公司每个星期都会召开碰头会。在这个会议上，大家踊跃发言，集思广益，提出很多既实用又新颖的观点，让我受益匪浅。而且，您作为直属领导，对我们也非常关照，我们犯了错您总是耐心指正，有了成绩您又能给予鼓励，这让我们非常感激。因此，今天我们来看看您，也希望新的一年能在您的带领下做得更好！”

小马的一番话让上司心花怒放，他用赞许的眼光看着小马，不停地点着头。日后，上司对小马格外提拔，最后，小马成为公司的得力干将！

小虎在聊天时只强调个人的感受，而小马既诉说了自己的感受，又对公司和上司进行了适度的赞美，得到了上司的肯定和欣赏。

人际交往中，只强调自己是一个非常不好的习惯。这样做轻则让别人心里不舒服，重则得罪了人自己都不知道。

二民是一家国企的会计。他在子公司已经工作了五年，一直想转到公司总部去。

二民工作能力很强，年年都被评为优秀员工，二民认为自己有足够的资本。于是，二民在周末的时候带了厚礼去总公司的财务总监老王家拜访。

老王一看到二民来了，就说：“哟，公司会计标兵来了啊！”二民说：“领导既然觉得我是标兵，那我求你点儿事，你就答应了吧！”老王问：“什么事？”二民说：“我是个实在人，只知道工作，不会说什么话。我今天来就是请求你把我调到总部去。我认为自己有这个能力，所以希望领导考虑！”“这样啊，”老王抚摸着下巴，思考着说道，“二民，你的能力大家都有目共睹，不过，我们是个大公司，凡事都要按照程序来，你的工龄只有5年，现在你还不到30岁，公司不能随便就把你调到总部，这样说不过去。更重要的是，总部的财务人员已经满了，你调过去也没有合适的位置，还是稍等等吧，这事我会放在心上。”二民听后很不满意，觉得老王是在糊弄自己，便有点儿生气地说：“这么大的一个公司会安排不了一个会计，我才不信呢，位置都留给有后台的人了吧！我的能力是有目共睹的，你们应该重视我才对啊！”“二民，公司的确很重视你，但现在安排这事确实有点儿难办，这样吧，你先在子公司继续工作，一有机会我就会把你调到总部，让你发挥更大的作用！”“那我要等到何年何月啊，唉，领导，你可要抓紧啊！”二民很不高兴地走了。老王看到二民一点儿都不体谅公司的难处，只是考虑自己的利益，心里就有点儿不痛快。所以，后来老王并没有全力安排这事，只是在开会的时候提了一下，见大家没什么反应，他也就不争取了，二民依然在子公司做会计。

像二民这样只考虑自己，不体谅公司和领导的难处，自然不能得领导的欢心，不被提拔和重用也就在情理之中了。

每天与快乐同行

/
快乐是一种积极的情绪，
保持快乐就是保持美好、乐观和自信。
让我们一起搭上快乐的列车，去追求幸福吧！
/

人生在世，保持快乐会让自己活得更轻松。不管是在工作中、学习中还是在日常生活中，我们都要保持快乐的心态。让快乐与自己同行，不仅自己受益，别人也会感到幸福！

有一天，阿德感到意志消沉，他应付情绪低落的惯用办法是避不见人，直到心情改善为止。但这天公司要举行重要会议，他必须出席，为了不给领导留下坏印象，阿德决定装出一副快乐的样子。

在会议上，阿德笑容可掬，谈笑风生，装成心情愉快的样子。令他惊奇的是，不久他发现自己果真不再抑郁了，而且他的快乐情绪还感染了领导和同事们，大家都变得意气风发。

快乐是一种美好的情绪，你渴望它并努力向它靠近，心情就会不知不觉地好起来。

一位禅师非常喜爱兰花，在弘法讲经之余栽种了许多兰花。有一天，他要外出云游一段时间，临行前交代弟子：要好好照顾寺里的兰花。

禅师不在的日子，弟子们细心地照顾着兰花。但有一个毛手毛脚的小和尚却在浇水时不小心将兰花架碰倒了，所有的花盆都摔碎了，兰花枝折叶落散了满地。弟子们非常恐慌，打算等师父回来后，向师父赔罪领罚。

禅师回来后，闻知此事，不但没有责怪，反而说道："我种兰花，一来是希望用它来供佛，二来也是为了美化寺里环境，不是为了生气而种兰花的。"

禅师说得好："不是为了生气而种兰花的。"而禅师之所以看得开，是因为他虽然喜欢兰花，但心中却无兰花这个挂碍。因此，兰花的得失，并不影响他心中的快乐。

保持快乐是对自己负责，一个人只有快乐起来，才能真正享受生活。

一位老太太有两个儿子，大儿子靠在海边晒盐为生，小儿子是卖雨伞的。两个儿子的生意都还不错，但老太太天天担忧。因为下雨天她就担心大儿子没法晒盐，而晴天她就担心小儿子的雨伞卖不出去。有人对老太太说："您老应该每天开心才是啊！晴天你就为大儿子高兴，因为他可以晒盐；下雨天就为小儿子高兴，因为他可以卖好多雨伞。"老太太听后，开始调整自己的心态。这样，不管晴天还是下雨天，老太太都很快乐。

拥有一双慧眼，在生活中发现快乐，就会发现生活的美好！即使遇到不愉快，我们依然可以保持快乐。

古代有一个人在集市上买了一个瓦罐。当时的瓦罐并不便宜，而这个人又很穷，他好不容易才攒够了钱买下这个瓦罐。他抱着瓦罐，走在回家的路上，却一不小心将瓦罐掉在地上，瞬间就摔了个粉碎。他弯腰将碎片捡起扔进垃圾堆里，转身走了，丝毫没有难过的表情。朋友问他为什么不难过，他答道：“反正已经破了，难过又有什么用呢？”

人生在世，很多事情是我们无法预料的。唯有时刻保持快乐的心态，才能真正地享受生活，让人生的每一天都不虚度！

第八章

尴尬冲突可化解，圆场解围生和谐

沟通中很容易出现尴尬和冲突，如果懂得化解的方法，就能消除紧张的气氛，保持沟通的畅通。懂得一些圆场解围的技巧和常识，能让你在各种场合都游刃有余、大受欢迎！

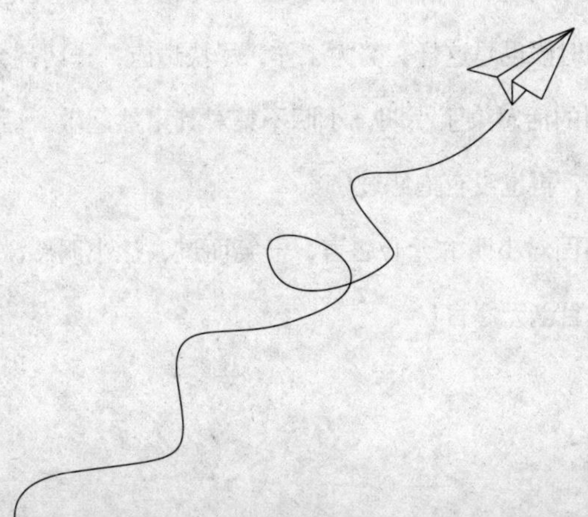

让无心的伤害随风而去

/
那些让自己感觉刺耳的言辞就像风筝一般，
抓着不放，会觉得沉重，
让它自然飞走，一切也都随风而逝……
/

人与人沟通，难免犯无心之错，这时如果能够一笑而过，我们会发现世界是如此广阔！

小明是一家电子公司的技术员。一次跟上司闲聊时，向上司说起自己工作的诸多不易，最后竟然说自己后悔来到了这家公司。小明刚说完就意识到自己说错了话，他很紧张地看着上司，担心对方会生气。

谁知上司非但没生气，还拍了拍小明的肩膀：“小明啊，你刚工作，可能还有些不适应。而且年轻人想法多，有点儿抱怨，这很正常！我年轻的时候也是这样。努力工作，尽快适应，一切都会变好的。”

上司的话感染了小明，小明不禁对其肃然起敬。后来，小明尽心尽职地工作，再也没有抱怨过！

上司面对小明的无心之言，一笑而过，让小明感激不尽，日后尽心工作，并且毫无怨言！

很多看似“恶毒”的言语其实都是无心的，我们要擦亮双眼，开阔心胸，让他们随风而逝!

五一假日，小鱼、小月和另外两个同事一起到酒吧里喝酒聊天。在酒吧她们巧遇了另一位同事小武，小武带着几个朋友来玩。

几个同事在一起寒暄了一会，小武和朋友先离开了。小武走的时候还有意看了小月一眼。

等他们走后，小鱼就说：“小武说话、动作有点娘娘腔，大家有没有觉得啊！”接着，小鱼又指出了他的种种缺点，最后说：“不知道谁那么倒霉会做他的女朋友，你们说呢？”

另外两个女生听完后都默不作声，不断地低头喝酒。小鱼很是纳闷：“我说错什么了吗？”“你没有说错什么，”其中一个女生说道，“不过，小月现在是小武的女朋友，我们应该祝福他们！你清明节请假那段时间，两人刚刚确定了恋爱关系。”

“啊，这样啊！小月，对不起，我不知道，小武也挺好的，他长得很帅，脾气也好，跟你在一起很般配的！”小鱼不停地喝酒，希望掩盖自己的尴尬!

“没事的，小鱼，你说得没错，我现在也经常提醒他，相信用不了几个月，他就会变得阳刚啦！”小月握着小鱼的手，真诚地微笑着。

“你不生我的气？”小鱼吃惊地看着小月。“我为什么要生你的气呢？你是无心的。再说了，你说的是事实，现在小武也在努力改变自己，相信你以后一定会见到一个不一样的他！”

小月的大度和真诚让小鱼非常感动，她也因此改变了对小武的看法，三个人以后成了好朋友。日后，当小月把这件事说给小武听的时候，小武也很赞同小月的做法，并暗暗地佩服她，也更加喜欢她了！

小月面对小鱼的无心之言一笑而过，不仅博得了小雨的信任，还获得了爱人小武的尊重。

无心之言本来无心，何必非要抓住不放呢？把它放走，自然会收获一片广阔的天空，我们的人生也会因此变得更加精彩！

笑话是消除尴尬的良方

/
笑话篇幅短小，情节简单而巧妙。
用它来缓解紧张的气氛，
效果是再好不过的了……
/

在一些正式场合，讲个笑话，会缓解紧张的气氛，有利于大家更放松地交流。

公司年终聚餐，大家随便落座。小A的桌子上一共有12个人，小A只认识两个。由于彼此不熟，因此大家都不说话，只是低头吃饭。小A觉得这样的气氛很尴尬，便主动对大家说："大家好，我是来自设计部的小A，今天是个团聚的日子，让我们一起喝一杯吧！"大家相继举起了酒杯，喝完之后，小A见大家都看着自己，便说道："我给大家讲个笑话吧，我讲完之后，大家轮流讲，顺便介绍一下自己，好不好呢？""好，你先讲吧！"餐桌上的气氛马上热烈起来。"听好了，"小A清了清嗓子，开始讲起来，"一只小白兔蹦蹦跳跳地来到面包房，问：'老板，你们有没有100个小面包啊？'老板：'啊，真抱歉，没有那么多''这样啊……'小白兔垂头丧气地走了。第二天，小白兔蹦蹦跳跳地来到面包房：‘老板，有没有100个小面包啊？’老板：‘对不起，还是没有啊。’‘这样啊……’小白兔又垂头丧气地走了。第三天，小白兔又蹦蹦跳跳地来到面包房：‘老板，有没有100个小面包？’老板高兴地说：‘有了，有了，今天我们有100个小面包了！’小白兔掏出钱：‘太好了，我买两个！’”“哈哈哈哈，太有意思了……”大家都笑起来，小A也跟着笑起来，刚刚紧张的气氛一扫而散。“我叫小丽，下面我也给大家讲一个笑话……”“我叫大刚，很高兴认识大家，我也……”大家一边互相介绍自己，一边讲着笑话，气氛变得非常热烈。

笑话虽小，但在缓解紧张气氛的时候却能发挥巨大的作用。平时记住几个经典的笑话以备不时之需，是很有必要的。

小刚要去见自己未来的岳父老朱了。听女友晓静说她的爸爸是个很严肃的军人，因此，小刚的心里有点儿忐忑。

到了女友家，小刚恭恭敬敬地对老朱说：“伯父好！”老朱犀利的双眼上下打量着小刚，小刚差点儿一哆嗦，不过，他始终保持着微笑。

“嗯，”老朱点了点头，“进来吧！”小刚跟在老朱的背后，心咚咚地跳着：“老人家果然不好惹，可得小心点儿啊！”

进了屋，老朱对小刚说：“坐吧！”小刚道了谢，慢慢地坐了下来。

老朱常年在部队，很少跟外界沟通，准女婿突然到来，他也不知道说什么好。于是，两人之间便有点儿冷场。

这时，小刚瞟见茶几旁边放着一本党刊，便随手拿起来。老朱看到了他的举动，问他："平时喜欢看书吗？""喜欢，"小刚见老朱主动问自己，马上说道，"我喜欢读一些小说和故事书，娱乐类的书籍我也喜欢。对了，前几天我还看过一些笑话，其中一个还跟部队有关呢！""是吗？说来听听。"老朱很是感兴趣。小刚便绘声绘色地讲道："两方正在战斗中，团长为了激励士气来到了大草原前线……

团长问：'情况怎样？'

一士兵说：'报告团长！前方20米的帐篷旁有一个弓箭手，不过他的准度很糟糕，这几天射了好多次，没有射到一个人。'

团长听完便问：'既然发现对方的弓箭手，为什么不把他干掉？'士兵说：'报告团长！不好吧，难道你要让他们换一个比较准的吗？'"

"有意思，"老朱笑起来，"这个笑话很好，既有趣味性，又富有哲理。嗯，平时读一些笑话也是很有益处的！"

老朱觉得小刚彬彬有礼，学识渊博又有幽默感，因此很满意。当小刚提出要和女友晓静结婚时，老朱笑着答应了！

用委婉的语言指出别人的缺点

/
与人沟通时，如果直接指出对方的疏忽或缺点，难免让对方尴尬；如果间接指出、巧妙暗示对方，则会收获对方的感激。
/

在日常交往中，借用暗示来巧妙地指出别人的疏忽或缺点，让人思而得之，比直接批评要好得多！

某市政府为了加强内部管理，对机关干部的工作考勤、学习考勤等出台了一些新规定。市领导打算让传达室的老王负责每天的机关考勤，谁知，老王认为这项工作容易得罪人，不愿意接受，并说自己过去就是因为办事过于认真，坚持原则，得罪了不少人，现在要吸取这个“教训”，克服这个“缺点”。听了他的话，市领导没有直接批评他，而是委婉地讲了一个故事：某电影制片厂的导演，为拍好一部片子四处寻找合适的演员。一天，他发现了一个合适的人选，便通知他准备试镜。这个被导演相中的人非常高兴，理了发，换了新衣服，对着镜子左照右照，总觉得自己的“络腮胡子”不好看，于是仔仔细细地刮掉了它们。他兴致勃勃地去报到，导演见到他失望地说：“对不起，你身上最有特色的地方被你当作缺陷毁掉了，我们不需要你了。”

故事讲完了，老王懂得了“坚持原则、秉公办事”正是自己最珍贵的品质，于是他爽快地接受了这项工作。

市领导以通俗易懂的故事来暗示老王，使老王意识到了自己的错误，开始以正确的态度对待工作!

巧妙的暗示，能使被批评者自然而然地接受，不会形成心理的负担，并且印象深刻。

小华是一家图书公司的编辑，他的文章写得很好，遗憾的是字写得潦草又难看。有时他写的东西连主编都看不懂，只能找他过来讲解，既浪费时间，又影响效率。为了鼓励小华克服这一不足，主编在一次审稿后，对小华说：“著名诗人柳亚子很善吟诗作文，堪称文坛大师，他的书法龙飞凤舞，流畅奔放，却很潦草，往往不被人所认识。柳亚子先生的挚友辛壶在批评柳亚子字迹潦草时，说他是‘意到笔不到’。”小华马上意识到主编是指自己的字写得不好，表示一定要加强练习，把字写好。

主编以名人的逸闻趣事进行暗示，让小华认识到了自己的错误，同时也感受到了主编对自己的重视，所以欣然改过。

巧妙暗示常常蕴涵着一定的哲理和意义，让受到暗示的人恍然大悟，改正错误。

小强迷上了打游戏，他白天要上班，晚上回到家后就开始玩，常常玩到凌晨。由于晚上玩游戏，他白天工作就没精神，别人劝他别玩，他总是以少玩一会为借口推脱。同事兼朋友小锋见小强如此沉迷，便对他讲了《孟子》里的一则寓言：“有个人，每天偷邻居一只鸡，别人告诉他：‘这不是君子应该做的事。’他回答：‘那么就减少些吧！一个月偷一只，等到明年再洗手不干。’”小强听完后，认识到打游戏不是积极向上的人该干的事，于是决心马上改正。

寓言哲理深刻，以小见大，说服力强。小锋通过寓言让小强意识到了自己玩游戏的严重性，果断地远离了游戏。

暗示不仅是一种手段，更是一种艺术。

杜宝是某高中二年级的班主任。最近，他发现有学生上课听讲不专注，但是他又不想在班上公开批评。于是，他在班会课上讲了一则笑话：“一次历史课上，老师发现一个学生不专心听讲，就喊他回答问题：‘郑成功的母亲是谁？’这个学生说：‘失败乃成功之母。’”笑话讲完，学生们在笑声中冷静下来，悟出了老师的话是有所指的。

杜宝用笑话来暗示学生们，使他们在笑声中意识到了自己的错误，开始认真地改正。

暗示的作用是间接的、积极的、有效的。当我们发现别人的缺陷时，不妨试试暗示的方法，相信一定会让对方愉快接受的！

必要时，说点儿善意的谎言

/
善意的谎言是隐晦的星星，
虽然不明亮但也耀眼；
善意的谎言是美好的承载，
虽不沉重但也坚实！
/

善意的谎言是美丽的、纯洁的，是为了他人的幸福和希望而不得已而为之。

一架小型飞机在飞越沙漠时遇到了沙尘暴。沙尘暴非常强烈，飞机被迫降落。由于飞机无法恢复起飞，通信设备也损坏，与外界通讯联络中断，9名乘客和1名驾驶员陷入了绝望之中。求生的本能使他们为争夺有限的干粮和水而大动干戈。

紧急关头，一位临时搭乘飞机的乘客站出来说："大家不要惊慌，我是飞机设计师，只要大家齐心协力听我指挥，就可以修好飞机。"这好比一针强心剂，稳定了大家的情绪。他们自觉节省水和干粮，团结起来和风暴、困难做斗争。

十几天过去了，飞机并没有修好。但有一队往返沙漠的商人驼队经过这里，搭救了他们。后来，人们发现那个临时乘客根本就不是什么飞机设计师，他是一个对飞机一无所知的小学教师。有人知道真相后骂他是骗子，愤怒地责问他："大家命都快保不住了，你居然还忍心欺骗我们？"小学教师说："假如我当时不撒谎，我们能活到现在吗？"

善意的谎言是生活的希望，是沙漠中的绿洲，让人们能坚定地活下去。善意的谎言具有神奇的力量，鼓舞着我们不断地进步。

有一位教师，面对一群顽劣异常、难以管教的学生无计可施，就对学生撒谎说自己有特异功能，可以预测未来。学生们都好奇地凑了过来，他抓起一个学生的手细细查看后说："你的掌纹清晰细密，逻辑思维能力强，将来能成为数学家。"接着，他为一位大眼睛的女生相面，说："嗯，你的眼睛大而含情，感情必然丰富，将来能当作家或编剧。"说完他又指着一位身材瘦小的男生说："哟，你的手又瘦又长，具有艺术天赋，将来能当艺术家呢！"学生们对老师的话半信半疑，但自此以后，他们的精神面貌大不一样了，因为美好的未来在召唤着他们。后来，这个班级的很多学生都成绩斐然。

多年以后，师生们再次相聚在一起，学生们对老师的特异功能佩服得五体投地。老师却说："其实，我哪有什么特异功能，我只是根据你们每个人的特性，将一个个美丽的谎言种植在你们心里，后来，你们通过自己的努力，将这些谎言变成了现实。"

善意的谎言承载着祝福和爱，在它的鼓舞下，人们会生出一种巨大的力量，从而克服一切困难！在日常生活中，难免会有磕磕绊绊、矛盾摩擦，这时善意的谎言就是润滑剂，能消除误会、化解摩擦。

小铭和小丽是一对中年夫妻。小铭平时经常加班，小丽总是先做好了饭，等着小铭回来一起吃。每次吃饭时，小铭都吃得津津有味，连连称赞："味道好极了，比中午在公司吃的饭强多了，真想顿顿都吃你做的饭！"小丽听到丈夫的赞美，非常开心，不停地劝说小铭多吃。

一次，家里来了客人，由于天色已晚，小丽便建议在家里吃饭。小铭对小丽说："还是出去吃吧，在家做麻烦！""怎么会麻烦呢？"小丽弹了一下小铭的脑袋："做饭也不是难事，你天天夸我做得好吃，这次就让我在客人面前好好露一手吧！""好的，那你先做吧，我出去买几瓶酒！"

小铭说完，匆匆出去。他到超市买了两只烧鸡，又买了些熟食和火腿，然后拎着酒，匆匆赶回家。

回到家后，小铭趁妻子在厨房忙碌时小声对客人说："我妻子做的饭其实不怎么好吃，不过我平时都吃惯了，还常常夸奖她，她就信以为真。今天她非要露一手，我不想拂了她的兴致，就让她做了。一会大家吃饭的时候一定要包涵啊。我刚刚出去买了点儿熟食，大家可以尽情地吃！"客人们被他对妻子的爱所感动，纷纷答应。

吃饭的时候到了。小丽愉快地端上了菜，小铭劝大家多吃多喝。客人吃得很畅快，纷纷赞美小丽的厨艺，小小的房间洋溢着欢声笑语。

多多运用调侃的艺术

/
调侃能够缓解人的紧张情绪，
放松人的神经，
让人在不知不觉间感受到放松和快乐……
/

日常沟通不能太死板，适当调侃一下，会让气氛变得轻松、自由。伟大的作家马克·吐温就善于调侃。

一位贪婪的商界阔佬对马克·吐温说："我想借助您的神来之笔，给公司做个广告。" 马克·吐温说："当然可以！" 第二天，在马克·吐温主办的报纸上登出了如下文字："一只母苍蝇有两个儿子，她把这两个儿子视若掌上明珠，爱护备至。一天，母子三个飞到XX商业公司的商店里。一只小苍蝇去品尝包装精美的糖果，忽然双翅颤抖滚落下来，一命呜呼！另一只小苍蝇去吃香汤，不料也一头栽倒，顷刻毙命。母苍蝇痛不欲生，扑到一张苍蝇纸上意欲自杀，尽管大吃大嚼，结果却安然无恙！"阔佬看完广告，气得直翻白眼。

马克·吐温用调侃的方式无情嘲弄了这位贪婪的富商。

马克·吐温成名不久，有一位记者采访他，请他谈谈自己第一次挣钱的经历。马克·吐温想了想，然后说："我记得很清楚，那是我在小学读书的时候。那时，小学生们都不尊重老师，而且不爱惜学校的财产，经常弄坏桌椅。于是我们学校就订出一条规则，哪个学生弄坏了桌椅，他或者在全校学生面前接受挨打的处分，或者罚款5元。一天，我弄坏了我的书桌，只好对父亲说，我犯了校规，要么罚5元，要么在全校学生面前挨打。父亲说当着全校学生的面挨打真是太丢脸了，他答应给我5元钱，让我交给学校。但是在给我这5元钱之前，他把我带到楼上，狠狠地揍了我一顿。后来，我决定当着全校学生的面再挨一顿打，以便把那5元钱保存下来。我真的这样做了，那就是我第一次挣钱。"

马克·吐温的调侃使严肃的采访变得轻松有趣，也使人们一下子记住了这位幽默的作家。生活中，马克·吐温也时常借助调侃来调节气氛。马克·吐温到一个小城市演讲，他决定在演讲之前先理理发。"你喜欢我们这个城市吗？"理发师问他。"啊！喜欢，这是一个很好的地方。"马克·吐温说。"你来得很巧，"理发师继续说，"马克·吐温今天晚上要发表演讲，我想您一定得去听听。""是的。"马克·吐温说。"您弄到票了吗？""还没有。""这可太遗憾了！"理发师耸了耸肩膀，两手一摊，惋惜地说，"您只好从头到尾站着了，因为那里不会有空座位。""对！"马克·吐温说，"和马克·吐温在一起可真糟糕，他一演讲我就只能站着。"

某一个"愚人节"，有人为了戏弄马克·吐温，在报纸上刊登声明说他死了。马克·吐温的亲戚朋友从全国各地纷纷赶来吊丧。当他们来到马克·吐温家的时候，只见马克·吐温正坐在桌前写作。亲戚朋友们先是一惊，接着都齐声谴责那家造谣的报纸。马克·吐温毫无怒色，幽默地说："报道我死是千真万确的，不过他们把日期提前了一些。"

面对困扰和不快，马克·吐温也是调侃一下，一笑而过。

马克·吐温曾在《呼声报》工作过。一天，主编对他说："以后你不必在这里工作了。" 马克·吐温问道："你们为什么不用我了呢？" "因为你太懒，而且一点儿也不中用。" "哦，你也不比我聪明。"马克·吐温笑着说，"你要用6个月的时间才知道我太懒而且不中用，可是我在来工作的那一天便知道了。"

有一次，马克·吐温乘火车去一所大学讲课。因为时间紧张，他十分着急，但火车却开得很慢。当列车员过来检票时，马克·吐温递给他一张儿童票。检票员仔细地打量他之后说："真有意思，我看不出您还是一个孩子哩！" 马克·吐温回答："现在我已经不是孩子了，不过，我买车票的时候还是孩子。"

有一回，马克·吐温向邻居借阅一本书，邻居说："我可以借给你，但我定了一条规则，从我的图书室借去的图书必须当场阅读。" 马克·吐温只得悻悻而回。一星期后，这位邻居向马克·吐温借用割草机，马克·吐温笑着说："当然可以，毫无问题。不过，我也定了一条规则，从我家里借去的割草机只能在我的草地上使用。"

第九章

察言观色解人意，耐心倾听更相通

倾听是沟通中的重要方面，善听的人才更会说。倾听是一种艺术，不仅要听其言，还要观其色，不仅要听懂对方的语意，还要听出弦外之音。通过耐心的倾听，我们可以抓住更多的信息，在人际交往中进退自如！

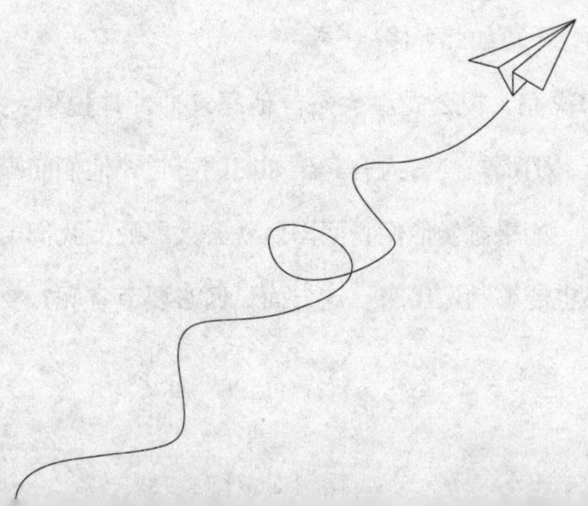

快速领会对方的真实意图

/
语气和情绪是一个人内心情感的外在表现。
细心体察，认真感受，
就会发现其中蕴藏的秘密……
/

语气和情绪是承载言语的基础。同样一句话，笑着说出来或咬牙切齿地说出来，表达的意思是完全不一样的。要用眼睛去看，用心去想，认真分析，才能发现对方的真实意图和真实想法。

一次，管仲审核国家预算支出的情况，发现招待宾客的费用居然高达总支出的2/3，其他部门能用的经费只有1/3，难怪会捉襟见肘，效率不高。他认为招待费用浪费太大，此风断不可长。

于是，管仲立刻去找桓公，当着众臣的面说："大王，必须要裁减招待费用，不可如此奢侈……"

话未说完，桓公龙颜大怒。他怒气冲冲地说道："款待宾客确实稍显隆重，但那是使客人有宾至如归的感觉，他们回国后才会大力地替我国宣传。如果怠慢他们，回国后就会大肆贬低我们。粮食能够生产出来，物品也能够制造出来，这方面又何必要节省呢？要知道，君主最重视的是声誉啊！”

管仲从桓公的脸色和语气中察觉到，此时桓公心情不佳，不会接受劝谏，自己应做到该进则进，该退则退，当止则止，于是他不再继续损害君主的尊严，而是决定以后灵活处理，见机进谏，使奢侈浪费逐步得以控制。

于是，他连忙答道：“是！是！主公圣明。”

说话语气能明显地体现出说话者的态度和心理，管仲对齐桓公的语气做出了准确的判断，于是转变了策略，从而避免了因言获罪。

认真感受别人的语气和情绪，很容易分析出对方内心的想法，对沟通有很大的帮助！

刘老师是希望中学二年级（1）班的班主任。他的班级里有一个叫小东的同学，让各位老师很头痛。刘老师决心把他“改造”成一个优秀的学生。

想让小东改变就一定要先了解他，于是刘老师常常主动关照小东：生活上嘘寒问暖，学习中主动、热情地提问，还找他谈心，了解他内心的想法。

一天下午，小东身体不舒服，没有上体育课，刘老师便主动陪他谈心。

小东能感受到刘老师对自己的真诚关怀，因此和盘托出了自己的家庭情况：父母对爷爷很不孝顺，所以爷爷常常摆地摊赚点儿小钱。父母之间感情不好，父亲喜欢打麻将，母亲则好吃懒做，父母经常吵架，他常常没有饭吃。父母对他不管不问，很小就放任自流，家长会从来不去，衣服也不给他洗，小东一般只愿意跟爷爷待在一起。三年前，爷爷的身体越来越糟，地摊自然是不能摆了，而父母却不在乎老人的身体，老人的营养跟不上，小东常常把自己的早餐省下给爷爷吃。

爷爷的身体状况让小东无心学习，他开始学会了逃课，并学着爷爷摆地摊，挣了钱就用来照顾爷爷。升入高中后，小东必须住校，可是他放不下爷爷，跟父母的矛盾也越来越大。父母这时意识到了学习的重要性，让小东一定要考上大学，将来好依靠他；而小东觉得他们很自私，便不理睬他们。去年，爷爷去世了，小东觉得自己的世界塌了。从此以后，小东觉得一切都无所谓了，他变成了老师眼中“最头痛的人”。

听着小东的诉说，刘老师能明显感受到他对爷爷的爱和对父母的恨，这个孩子原本有一颗善良的心，却被不称职的父母深深伤害了。明白了问题的症结所在，刘老师相信自己一定能用真诚把小东的“善良和积极”重新唤回。

刘老师在和小东谈心的时候认真观察，注意分析他的语气和情绪，把握了他的心理，真实、客观地了解了小东的状况。

在和人交往时，认真倾听，把握对方的语气和情绪，才能更深入地理解对方的思想感情，从而让沟通变得更顺畅！

不要随意打断别人

/
任何人在讲话时都不希望被别人打断，
所以沟通中我们要学会耐心倾听。
切记，随意打断别人是一种极不礼貌的行为！
/

插话是一个不好的习惯：别人正说得起劲的时候，你突然一插话，别人的思路被打断了，这必然引起对方的不满！因此，要想保证良好的沟通，少插话很有必要。

小莉去修车时跟人吵了起来，回到家就一股脑儿地向丈夫倾诉起来："我今天太倒霉了。去修车时，老板说油箱有问题，要收4000块。我告诉他一定是弄错了，我们买了保险。可他说保险里没这一条，修理工还调戏我，说什么漂亮女人就是不懂车。这太侮辱人了。于是我就和他们吵了一架。""他要收多少钱？"丈夫问。"你刚刚没有在听吗？"小莉有些生气。因为她只是想跟丈夫倾诉一番，来摆脱郁闷和烦恼。但丈夫突然插嘴，想分析孰对孰错，自己才没有这个心情和精力呢！小莉白了丈夫一眼，进了浴室，把门一关，自顾自地洗起澡来。丈夫被丢在客厅，还不知道是怎么回事呢！

丈夫在小莉烦躁的时候只需要耐心听她说完就好，可他却错误地插嘴询问，让小莉重新陷入了烦恼中。

在一些正式场合，随便插嘴是一种没有礼貌的表现。没有人会喜欢自己在谈着某件事、说到高兴处时，冷不防半路有人进来插话，因为插话会让说者猝不及防，思路从而被打断。

有一个老板正与一个客户谈生意，一位朋友突然造访。朋友在来时的路上遇上件新鲜事，就忍不住插嘴说：“哇，我刚才在大街上看了一个大热闹，一大群人围着一个人和一条狗……”老板伸出手指示意他不要再说，而他却越说越起劲。客户见谈生意的话题被打断，就对老板说：“你先跟你的朋友谈吧，我们改天再来。”客户说完就走了。老板的这位朋友乱插话，搅了老板的一笔大生意，让老板很是恼火。

老板的朋友在老板跟客户谈生意的重要时刻插话，让原本的话题无法继续，最终引起了老板的不满，看来插话真是要不得啊！

在日常交往中，随便插话不可取，随便插手别人的事情同样不可行。

小王歌唱得比较好，乐器掌握一般。小程的键盘和吉他水平都不错，而且还会作曲，但是歌唱得不好。所以，小王和小程就想组建一个组合，两个人优势互补，一定可以做出成绩。小程的朋友知道这件事后，对小程说：“唱歌好的人很多啊，你为什么偏要跟小王合作呢？我认识一个哥们，声音特别棒，要不你跟他交流交流吧！”小程没有说什么，但朋友非常热心，主动安排了两人见面。后来，虽然小程依然愿意跟小王合作，但这件事却让小王心里有了疙瘩，认为小程看不起自己，而且小程是因为找不到更优秀的主唱才选择的自己。因为心里有了芥蒂，两人之前的默契感再也没有了，他们这个组合表现平平，慢慢销声匿迹了。

每个人做事都有自己的想法、安排，外人的随便插手，反而打乱了原有的计划，打断了事件的进程。

小森是一家软件公司的程序员，工作几个月以来，小森感觉越来越郁闷。领导常常在他工作进行到一半的时候，跑过来问："干到哪一步了，下一步做什么？""还有多少没有做，搞不定就给我打电话。"这样常常打断了小森的思路，而且还有一种被人帮扶的感觉，让小森很是不爽！

要获得好人缘，要想让别人喜欢你，接纳你，就必须根除随便插手的陋习，在别人办事时千万不要乱"捣乱"。

插话插手是一种不好的现象，让我们自觉避免这一行为，来赢得别人的欢迎！

竖起耳朵，听出对方的弦外之音

/
与人沟通，耳朵要灵敏。
要努力注意听出对方的弦外之音，
捕捉到对方心里最真实的想法……
/

很多人喜欢间接地表达自己的态度，如果我们不竖起耳朵、仔细辨别，就会造成尴尬。

王编辑约作家老刘为刊物写一篇稿子，恰巧编辑部召开会议，于是便也邀请了老刘。老刘刚一进会场，王编辑就冲了过去："太好了！太好了！我一直在等您的稿子呢！"

"糟糕！"老刘一拍脑袋，拱手说，"抱歉！抱歉！稿子落在家里，忘记带了。"接着又拍拍王编辑的肩膀，"明天，明天上午，您派人来拿，好吧？"

"没关系！"王编辑一笑，"不用等到明天，我一会儿开车送您回去，顺便拿。"老刘一怔，也笑笑："可惜我等会儿不直接回家，还是明天吧！"

座谈会结束后，王编辑到停车场开车回家。转过街角，他看见老刘和另一个作家小李在等出租车。王编辑摇下车窗热心地问："到哪儿去呀？"小李说："陪老刘回家。"王编辑一听，马上停下车将老刘和小李拉上车，边开边说："我送您回家，顺便拿稿子。"

"我家巷子小，尤其一到这假日，车停得满满的，不容易进去。"老刘拍拍王编辑说："您就把我们放在巷口，我明天上午把稿子给您送去。"谁知王编辑说自己顺路，一定要去，他硬是转过小巷子，一点儿一点儿往里挤，开到作家老刘的门口。

"我还得找稿子呢！再说这巷子不好停车。"老刘有点儿着急了。"没关系，您不是说放在桌子上吗？"王编辑回答。正说着，后面的车子已经打响喇叭催促了。

"你还是别等了吧！"老刘一拍车窗，不好意思地说，"告诉您实话，我还没写完呢。"王编辑这才明白过来，闹了个大红脸。

老刘再三找借口推辞，王编辑居然硬是没有听出他"我还没有写完"的弦外之音，结果造成了尴尬。

很多人在特定的环境中不方便直接表达自己的观点，于是便间接地表达。这时，用心加以辨别和分析，是非常重要的！

战国时期，楚国发兵攻打齐国。齐威王决定派能言善辩的淳于髡去赵国求援。他让淳于髡驾上马车十辆，装上黄金百两。淳于髡见了放声大笑，连系帽子的带子都笑断了。

齐威王就问："先生是嫌这些东西少吗？"

淳于髡说："我怎么敢嫌少呢？"

齐威王又问："那你刚才笑什么呀？"

淳于髡说："大王息怒，今天我从东面来时，看见有个农民在田里求田神赐给他一个丰收年，他拿着一只猪蹄和一坛子酒，祈祷说：'田神啊田神，请你保佑我五谷成熟，米粮满仓吧！'他的祭品那么少，而想得到的却是那么多。我刚才想到了他，所以禁不住想笑。"

齐威王领悟了他的意思，马上给他黄金千两，车马百辆，白璧十对。于是淳于髡自信地出使赵国，搬来了十万救兵。

齐威王听出了淳于髡的弦外之音，马上重新配送了礼品，最终顺利地实现了自己的目的。

明朝洪武初年，浙江嘉定安亭有一个名为万二的人，他是元朝的遗民，在安亭郡堪称首富。一次，有人自京城办事归来，万二问他在京城的见闻。这人说："皇帝最近作了一首诗，诗是这样的：'百僚未起朕先起，百僚已睡朕未睡。不如江南富足翁，日高丈五犹拥被。'"万二一听叹口气道："唉，迹象已经有了！"他马上变卖田产，自己买了一艘船，载着妻子，向江湖泛游而去。两年不到，江南大族富户都被收缴了财产，门庭破落，只有万二的财产得以保全。

上天赐予我们一对灵敏的耳朵，我们要善于利用。在沟通中要学会认真倾听，认真分析，以获得真实、有效的信息！

及时回应对方的精彩论述

/
精彩的言论值得我们用心赞美，
这样的回应会让述说者心情愉悦，
彼此的关系也更加融洽！
/

日常沟通时，面对别人的精彩言论，我们应当给予及时的回应，这样不仅能让对方感到高兴，还能有效地鼓励对方。

孔融十岁的时候随父亲到洛阳去。他听说士大夫李膺很有威名，很想去拜访。

但如果不是名士或主人的亲戚，守门人一般是不愿通报的。于是，孔融对守门人说："我与你家主人是通家之好。"守门人不敢怠慢，忙将他引荐入门。

孔融来至大堂，李膺一看来者是一个素不相识的小娃娃，便问："请问你和我有什么通家之好呢？" 孔融回答道："从前我的祖先孔子和你家的祖先老子有师资之尊（孔子曾向老子请教过关于周礼的问题），因此，我和你也是世交呀！"当时很多宾客都在场，对孔融的回答感到十分惊奇。

李膺很佩服小孔融的机敏，在许多客人面前夸奖孔融机智聪明，有胆有识，将来必成大器。从此，李膺将小孔融敬为上宾，赞赏有加。孔融得到了李膺的赞美和鼓励，非常高兴。他更加努力，发挥自己的过人之处，成了历史上有名的“建安七子”之一。

李膺对小孔融的精彩言论给予了及时的肯定和鼓励，让孔融非常自信，以后也更加努力。

及时回应不是简单的敷衍，而要真心实意、发自内心，这样才能更好地去激发他人。

一家幼儿园的教室里，老师正在让小朋友做“找家”的游戏。黑板上画着一块草地、一条河以及一棵树，讲台上放着玩具白兔一只、鸭子一只和猴子一只。老师出完题目后，小朋友们争先恐后地举起了手。

老师让一位手举得高高的男孩上了讲台。那个看上去很机灵的小男孩却犯了一个很低级的“错误”：他把小白兔放在了河里，小鸭子放在草地上，而小猴子则在半空中。其他小朋友顿时发出了一阵哄笑，也有一些按捺不住的，把小手举得老高，要来纠正男孩的错误。

老师接着让一位女孩上台。只见她很快地就把小白兔放到了草地上，让小鸭子游进了河里，而猴子，则当然是在树上了。“哗……”教室里响起一片掌声。“大家说，应该给她一个什么鼓励？”老师继续提问。“一个红五星……”孩子们异口同声地回答。

恰在这时，刚才那位做错了的男孩突然又把手举得高高的要求发言，老师又把他请了起来："老师，我想给大家讲一个故事。在一个夏天的午后，天气很热。小白兔在草地上玩得满头大汗，它实在受不了，就跑到河边。一看小鸭子那么舒服地在水里游，小白兔也就扑通一下跳了下去。没想到它根本没学过游泳，很快就沉了下去。而小鸭子虽然自己会游，却因为身体太小，救不了小白兔，所以它就爬到岸上拼命呼救：'小白兔落水啦，快来救呀！'树上的猴子挡不住炎热，正躲在那里打瞌睡呢，突然被鸭子的喊声惊醒，一下从树上摔了下来，所以在半空中……"小男孩的话音刚落，教室里就响起了一阵更热烈的掌声。老师赞许地摸摸小男孩的头，奖励了他两个红五星。在全班同学羡慕的目光中，小男孩又回到了自己的座位上。

固化的思维会扼杀孩子的想象力，伤害孩子的自尊心，故事中的老师用自己的真诚和爱心，肯定了孩子独特的创造。

及时回应别人的精彩言论，既是对别人辛苦成果的肯定，又表现了自己良好的素养和真诚的态度，会让沟通变得更加愉快，彼此的关系也更加和睦！

抛砖引玉，收获更多有效信息

/
在沟通中，主动发表自己的见解，
可以引出对方更高明、成熟的意见，
从而让自己获得更多！
/

唐朝时有一个叫赵嘏的人，他的诗写得很好。曾因为一句“长笛一声人倚楼”得到一个“赵倚楼”的称号。诗人常建对赵嘏的才华非常佩服，他总想得到赵嘏的诗作，只是没有办法。

有一次，常建听说赵嘏要到苏州游玩，非常高兴。他想：这是一个向他学习的好机会，千万不能错过。用什么办法才能让他留下诗句呢？他既然到苏州，肯定会去灵岩寺，如果我先在寺里留下半首诗，他看到以后会补全的。于是，他就在墙上题下了半首诗。

赵嘏后来真的来到了灵岩寺，看见墙上的那半首诗后，端详片刻，心想：“诗写得不错，为什么只写了两句呢？”于是，他提起笔来，在常建的诗后又补上了两句，成为一首完整的七言绝句。

赵嘏走后，常建赶过来观看，一字字地琢磨，认为补写的这两句确实比自己高明，便抄写了下来。

常建运用“抛砖引玉”的方法，换来了赵嘏精彩的诗。

在沟通中，运用抛砖引玉的方法，会获得更多有价值的东西，并达到自己的目的。

清朝康熙年间，有一个著名的文人叫朱彝尊。朱彝尊跟一个道观的道士是老交情，两人经常在一起聊天、吃饭。

道观里面有一棵枇杷树，非常特别，它结的枇杷没有核，吃的时候都是肉。每年到了枇杷成熟的时候，道士都会把朱彝尊请来，请他尝鲜。每次吃着枇杷，朱彝尊都觉得很有趣，而且很好奇，他很想知道道士的枇杷是怎么长出来的：没有核，它怎么有子呢？没有子，它怎么能长成树？

这一天，他又来寺里品尝枇杷，便问道士：“你这枇杷是怎么长出来的？它没有核，没有子，怎么能长呢？”道士故作神秘地说：“我这个枇杷跟别的枇杷不同，这是仙种！”朱彝尊当然不信，但是看到道士不愿意说，也只好停止追问。不过临走的时候他想：我非把这个秘密弄清楚不可！

朱彝尊知道道士特别喜欢吃猪蹄，他就请道士到他家里来做客。道士来了以后，刚刚坐定，就看到朱家的仆人拎着一只大猪蹄，从客厅里走过。不久，热气腾腾的猪蹄就端上来了，令人垂涎三尺。道士觉得很奇怪，问朱彝尊：“刚才看见这猪蹄才让仆人拿进后厨，怎么这么快就端上来了，你怎么能把这东西做得这么快？而且居然能炖得这么烂？”

朱彝尊笑着说："这是我的秘密，你要想知道，可以，咱们俩交换一下：你把你的无核枇杷的秘密告诉我，我告诉你猪蹄怎么会这么快就烧熟的秘密！"道士因为喜欢猪蹄，就很想知道这秘密，于是，道士痛快地说："那很简单，在枇杷每年开花的时候，把中间一根花蕊拔掉，那么它结出的枇杷就没核了。"

朱彝尊说："我这秘密比你那还简单，仆人刚才拿到后厨的猪蹄，现在还在后厨的案板上放着；我们现在吃的猪蹄，是昨天晚上就炖好了的！哈哈哈……"

朱彝尊故意制造一种神秘感，吊起道士的胃口，使对方产生好奇心，最后终于得到了无核枇杷的秘密。

抛砖引玉想要运用得好，就要讲究技巧。首先，"砖"不能太昂贵，如果砖头比玉还贵，那么把它抛出去，就太不值得了。其次，"砖"要有吸引力，足以把对方吸引过来，并让他跟着自己转。最后，"砖"只能适量、恰当地使用，否则就会事倍功半。

抛砖引玉是一种智慧，在沟通中，我们应该巧妙地加以利用，使我们的人际交往更加灵活！

第十章

好的形象会说话，此时无声胜有声

一个人的形象不仅体现在外在的穿着打扮上，而且还体现在内在的品质和素养上。在与人沟通和交流时，好的形象可以为其增光添彩。良好的修养就像和风细雨，滋润对方的心田，使得沟通更加顺畅。

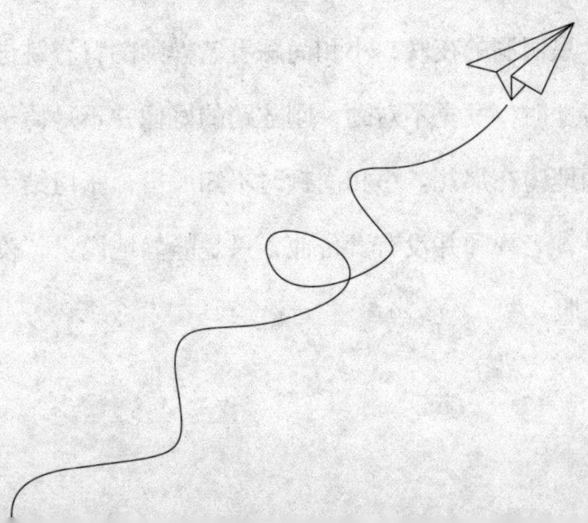

用友善架起沟通的桥梁

/
友善是人际交往中最基本的原则，
如果人人都本着“与人为善，和睦相处”的态度来与人交流和沟通的话，
我们的生活就会变得简单很多。
/

塞涅卡曾经说过：“有谦和、愉快、诚恳的态度，同时又具有忍耐精神的人，是非常幸运的。”友善就像和风细雨，有时比狂风暴雨式的攻击和惩罚更有力量。

一天晚上，老禅师在禅院里散步。他一边走一边看小和尚们打坐。走着走着，老禅师突然在墙角边发现一把椅子，他一看便知是有人违反寺规越墙出去溜达了。老禅师不动声色，走到墙角边，把椅子给移开了，就地蹲在那儿。不一会儿，墙外传来脚步声，果真有一个小和尚翻墙进来。黑洞洞的夜晚，小和尚踩着老禅师的背脊跳进了院子。当小和尚双脚着地时，发觉不对劲，刚才踏的好像并不是椅子，回头一看师父一动不动地蹲在那儿。小和尚顿时不知所措，张口结舌。但出乎小和尚意料的是，老禅师并没有责备他，只是静静地说：“夜深天凉，快去多穿一件衣服。”

此时无声胜有声，听了老禅师友善的话语，相信小和尚以后再也不会违反寺规了。若是老禅师一顿恶训或是惩罚，或许只会激发小和尚的反叛心理。

在与人交往时，友善、谦和的态度，往往会化解矛盾，增进交流和沟通。

艾琳刚刚买了一套新房。今天正值周末，艾琳一大早就来到家具广场看家具，想为新居添几件漂亮的家具。

刚走进一家家具店，艾琳一不小心摔倒在地，手里的奶油蛋糕弄脏了商店的地板。老板看到了，赶忙跑过来，扶起艾琳。艾琳看见地板被蛋糕弄得像花猫的脸似的白一块、红一块的，连忙不好意思地说："弄脏你的地板了！"不料老板却说："真对不起，我代表我们的地板向您道歉，它太喜欢吃您的蛋糕了！"艾琳被老板友善、幽默的话语逗笑了，于是决定在这家店里买自己需要的家具。

"得理让人，失理道歉。"如果我们每个人都秉着这个原则开口说话，很多纠纷和冲突都会避免。友善待人，不仅可以化解冲突，关键的时候，它还会救人。

春秋时期晋国有一位大臣叫赵盾。一天，赵盾要到绛县去，他看见一棵桑树下有个人快要饿死了，便停下车来喂了那人一点儿水和食物。见那人睁开了眼睛，赵盾问："你为什么饿成这个样子？"那个人回答说："我是绛县一位贵族的仆役，在回家的路上被人打劫，吃的都被抢走了，我羞于向人乞讨，又不愿擅自拿别人的东西，所以到了这种地步。”赵盾给了那人一些干粮和干肉，那人磕头拜了两拜接受了，狼吞虎咽地吃了起来。但他并没有全部吃完，而是留下一部分小心地包好。赵盾问其缘故，那人答道：“我觉得这食物味道很美，我家有老母，想留下一些给她吃。”赵盾说：“我看你还没吃饱，就把这些全吃了吧，我另外再给你一些。”于是，赵盾又拿出一篮子干粮、两束干肉和一百枚钱给了他。

过了两年，赵盾得罪了晋灵公，晋灵公派士兵追杀他。其中有一个士兵跑得最快，追上了赵盾，赵盾心里想：“这次我可完了，恐怕要丢掉性命了。”

没想到这个士兵对赵盾说：“请您上车快跑，我来保护您。”赵盾问：“你为什么要这样做呢？”士兵回答道：“我就是枯树下饿倒的那个人，是您救了我的命啊！”于是他奋力保护赵盾，赵盾才得以逃脱。

赵盾虽然位高权重，但他对一位将要饿死路边的人却真诚友善、施以援手，他的善心最终也获得了回报，救得自己一命。因此，在与人交往中，要待人友爱、宽容，这样不仅有利于和他人的相处，还会拓宽自己的人际关系网。

微笑是最好的名片

/
“微笑是两个人之间最短的距离。”
人际交往中保持微笑，
会让人感觉如沐春风，非常温暖。
/

在人际交往中，“微笑是最好的名片”，它能展示你最好的形象，帮助你取得成功。

多琳是一所名牌大学的毕业生。她成绩优秀，温婉大方。她从小的梦想就是当一名空姐，在蓝天上自由地飞翔。

这几天，多琳一直在忙着找工作。

一天，多琳接到了一家航空公司的面试通知。多琳别提有多高兴了，精心准备了一番。几轮面试下来，多琳就有些灰心了，公司的要求太高了。公司经理告诉大家，回去等消息，多琳也没抱太大的希望。

第二天下午，航空公司的经理打来电话，告诉多琳被录取了。

在后来的一次交谈中，多琳才知道自己能够在众多应聘者中过关斩将、脱颖而出的秘密。空姐每天都在全世界各地飞行，代表着国家的形象、公司的门面，所以，发自内心的微笑，是一个空姐最重要的素质。

而多琳在整个面试的过程中，脸上始终带着迷人的甜美微笑。微笑会感染乘客，感染身边的每一个人，所以她正是公司所需要的人。

微笑可以给自己创造机会，带来成功。我们也应该像多琳那样，无论做什么事，都微笑着面对。

微笑还被人们誉为“解语之花，忘忧之草”。微笑中蕴涵着幸福和希望，洋溢着美好与祝福。

维克和威尔是好朋友，维克待人友善，脸上总是挂着微笑，人见人爱；而威尔却是一个消极、忧郁的人。

一天，威尔找到维克，他也想像维克那样快乐地生活，只是苦于不知道该如何做。维克听了威尔的话，告诉威尔：“请学会微笑吧，向所有的一切。”

于是，威尔按着维克的指引，去寻找微笑，去付出微笑。

半年过后，一个快乐的威尔来到维克面前。

现在，威尔的脸上阳光灿烂，充满自信，他的嘴角，总是挂着真诚的微笑。

威尔说：“当我把微笑送给那位我曾熟视无睹的送报者，他还我以同样真诚的微笑时，我发现天是那么蓝，树是那么绿，送报者离去时哼着的歌是那么动听！”

“当我微笑地对那位不小心把菜汤洒在我身上的侍者说‘没关系’时，我收获了他发自内心的感激，我似乎看见了人与人之间流动着的温情，这温情驱散了我内心聚积着的阴云。”

“后来，我不再吝惜我的微笑，我微笑地面对街边孑然独行的老人、天真无邪的孩子，甚至那些曾经辱骂过我的人。我发现，微笑让我更加自信、更加愉快了。生活真是美好啊！”

微笑是一味抚慰心灵的药剂，可以使忧郁的人变得乐观起来，使自卑的人变得自信起来。有时候，微笑更似暗香般，在默默地绽放着它的美丽，感染着周围的每一个人。

甜美的微笑，会让人感觉很舒服，拉近人与人的距离。但是，微笑的魅力远不止于此。

故事大约发生在20世纪30年代。

有一位犹太传教士，他每天早上都会出门散步，无论路上遇见谁，他都会微笑地打一声招呼：“早安。”

在当时的年代，当地居民对传教士和犹太人的态度很不友好。其中，有一个名叫米勒的年轻农民对传教士的热情问候很是反感，从来不做任何回应。然而，米勒的冷漠，并没有改变犹太传教士的热情。每天早上，犹太传教士仍然会微笑地向米勒道一声早安。

时间流逝，几年以后，纳粹党上台执政。

有一天，纳粹党人把附近所有的犹太人都抓了起来，送往集中营。下火车时，有一个指挥官手拿着指挥棒挥动着，叫道：“左，右，分列前进。”其中被指向左边的人是死路一条，要被马上处死，被指向右边的人，还有生还的机会。

每个犹太人都惶恐不安，害怕极了，生怕自己被指向左边！传教士下车了，他抑制住内心的恐惧，缓慢走上前去。当他抬起头时，眼神一下子和指挥官的眼神相遇时才发现，这位指挥官竟然是米勒先生。

传教士定定神，依然微笑地说道：“早安。”

米勒先生的表情还是没有变化，但他的指挥棒指向了右边，这位传教士有幸活了下来。

微笑的力量如此强大，犹太传教士凭借真诚的微笑感动了无情的纳粹分子，得到了生存的机会。

一个没有微笑的世界简直就是一座人间地狱。微笑不用费神，不用耗力，时间短暂却回味悠长，所以任何时候，都不要忘了给别人一个甜甜的微笑！

放松身心才能愉快沟通

有位作家曾说过：
“沟通的要领，最重要的是你愿意放下架子，用心去聆听自己的内心，用心去聆听别人。”
所以，我们在与人沟通、与人交流时要变“严肃”为“轻松”，
在融洽的气氛中开展交流。

沟通最忌在生硬的情况下进行，放松身心，以轻松、幽默、智慧的形式开场，大家都会感觉很自然，也会很快投入到交流中去。

“作为咱们公司的一个财务人员，本着对公司和全体员工利益负责的态度，我们不但要知道公司是怎样赚钱的，也要知道公司是怎样花钱的。”这是作为财务主管的卡迪在汇报公司的年度开支时的开场白。

“大家不要这样看着我，我今天不是来讲笑话的。”

“不是来讲笑话，那是来讲什么的呢？请大家马上把注意力集中起来。我的报告需要半小时的时间，半小时后如果我还没有讲完，大家可以把我赶下来。”

卡迪诙谐的话语让参会的各部门主管立马放松下来，注意力也更加集中了。

这次会议取得了很好的成效。卡迪不仅向全体成员清楚地说明了公司的财政计划，也了解到了各部门的支出计划，一举两得。

轻松沟通没烦恼，沟通需要在和悦的气氛中进行。当精神放松后，双方才会放下警戒心，说出真心话，沟通也才能顺利地进行下去。

在面试中，应聘者一般都是一身职业套装示人，那你有没有想过着便装取胜呢?

一家大型公关公司经过层层筛选，锁定了十几个应聘者。十几个应聘者中，除黛丝一人是本科生外，其余都是研究生。

面试那天，黛丝一下火车就匆匆忙忙地赶去面试。到了那里，黛丝才发现别人都是职业套装，而自己只穿着毛衣和牛仔裤，显得一点儿都不“职业”。黛丝觉得很不好意思，但当时黛丝已经没有时间改变什么，就硬着头皮进去了。两位主考官和蔼可亲，态度很温和。尽管黛丝回答问题时非常流利，但心里总有点儿忐忑不安，觉得自己穿得太不像话了。临出门时黛丝还鼓起勇气问了一句：“公司这次面试对着装有没有什么要求啊？”那两位考官愣了一下，大笑了起来。黛丝这才放心地出去了。当天，黛丝就接到了复试的通知，并最终与公司签下了合约。

主考官后来对黛丝说，黛丝与众不同的着装给考官留下了极具亲和力的印象。由于竞争激烈，公司每个人的工作压力都很大，考官认为黛丝的着装说明她很会给自己减压，有能力制造轻松的沟通环境，很适合从事这份工作，所以黛丝的面试时间是当时所有人中最短的。

从根本上来讲，黛丝不是赢在随意的着装上，而是赢在了轻松的、融洽的沟通上。一板一眼的职业装容易造成一种生硬、严肃的谈话氛围，不利于沟通的展开。

地位、身份相同或相似的两人，沟通很容易展开；地位、身份差异大的人，沟通就容易产生障碍。这时，营造一种轻松随意的沟通氛围就显得很重要，比如老板和普通员工之间、父母和子女之间。

晚上，女儿一脸高兴地背着书包回来。一进门，妈妈看到女儿的裤子上都是一个一个的小洞，便生气地质问道："好好的裤子，为什么要弄成这样子，败家的孩子！"女儿原本还打算向妈妈说说校园里的新潮流呢，这下子没了心情，顶了她一句："不要你管！我乐意！"

妈妈很生气，这顿饭吃得也很是郁闷，母女俩谁也不理谁。

妈妈和女儿的沟通之所以会失败，是因为妈妈以一种命令、审查的口气来和女儿谈话，激发了女儿的反感情绪。

因此，在与人交流沟通时，首先要放松身心，营造出一种轻松适意的氛围，这样才有利于交流的进一步开展。

眉目传情，眼睛也会说话

/
印度诗人泰戈尔说：
“学会了眼睛的语言，在表情达意上会受益无穷。”
眼神，是最富表现力的语言，
能传递丰富的信息和情感。
/

《黄帝内经·灵枢》第八十篇《大惑论》曰：“目者，心使也；心者，神之舍也。”眼睛可以传神，它是心灵的窗户。在人际交往中，要善于运用眼神传递信息，并读出他人想要表达的真实意图。

一大早，露西就出门了。她要应聘某公司的策划专员，到公司和董事长详细面谈。

她穿着一身职业套装，衣襟上插一朵淡雅的小花，微笑地进了董事长的办公室。进门之后，董事长问了她的名字，示意她坐下，开始谈话。谈话很友好，露西回答问题也很流畅。突然，董事长抛出一个很专业的问题来问露西是如何看待的。露西心里有点儿犯愁，怕贸然说出自己的观点会冒犯董事长。董事长用鼓励的目光望着她，好像在说：“我在等待听你的高见哪！”露西鼓足勇气，大胆说出了自己的想法。董事长夸奖露西有思想、敢创新，对露西的回答很满意。

临出门的时候，露西很大方地和董事长握了握手，并直视着他的眼睛。

最后，她被录取了。

有人问她："董事长是个很苛刻的人，你得到他赏识的秘诀是什么？"

她笑了笑，说："没有什么，如果真要说什么秘诀的话，就是我一直在直视他的眼睛，注意着他的眼神。我看董事长的眼神就知道自己肯定能被录取。"

眼神能够传递一些用语言、动作难以表达的信息，正所谓"眉目传情"，当两个人互相注视时，即使不说一句话，眼睛也能传情达意。注视，是两个人心灵的碰撞和交流，眼神光彩熠熠，一般表示充满兴趣；目光东移西转，则说明心不在焉。

央视当红女主持人王小丫，只要莞尔一笑，那双含情的大眼睛马上泛起温柔的微波，轻轻的，淡淡的，不掺杂一点儿纤尘，又稍稍带些甜甜的味道，让每位观众都感到神清气爽。

在社交中，女人有天然的优势：语言天分和细微的观察能力，如果再加上"巧笑倩兮，美目盼兮"，那么在沟通中必能无往不胜。

贝妮是一位年轻漂亮的姑娘。

大家都说她的眼睛会说话。她的眸子如一潭碧泉，清澈纯净。

一次在一家咖啡厅，她只是那么专注地看着角落出了一会儿神，坐在那里的一位男士就来到了她的身边。

这样的事情不知道发生过多少次，她自己也不知道为什么自己的眼神竟会有如此大的魔力。可那位男士说："你的眼神没有一个男人能抗拒得了。"

"北方有佳人，绝世而独立。一顾倾人城，再顾倾人国。"顾盼之间就可倾城倾国，可见，拥有一双美眸对美女来说有多重要。最有力的证据便是杨贵妃，"回眸一笑百媚生，六宫粉黛无颜色"，眼神的魅力可见一斑。

美眸虽善传情达意，但如果你没有一副美眸也不必在意，努力练就一双会说话的眼睛，你在社交中同样会抓住他人的目光。

举止优雅，坐立有型

中国是一个历史悠久的礼仪之邦，
向来讲究举止优雅。
站有站相，坐有坐相，
才能给人以优美大方、朝气蓬勃的好印象。

小动作是指在跟人交流时的无意识的动作、手势和习惯。比如，掏耳、挖鼻或是剪指甲、打哈欠、剔牙、搔头皮、不断地颤动腿、扶眼镜等。我们应该尽量避免这些不雅的小动作，以免引起他人的反感。

玛莉是一名刚刚毕业的女大学生。这几天正忙着找工作。

一天，玛莉去一家大型企业应聘。一进门，玛莉高挑的身材和得体的着装就给主考官留下了不错的印象。接下来，进入正式面试的环节。玛莉回答问题虽然很流利，但她的坐姿实在不能恭维：随意地靠在椅子上，显得有点儿懒散。而且，玛莉自从坐在那儿就没有消停过，一会儿打个呵欠，一会儿晃动一下椅子，一会儿挠挠头，一会儿摆弄摆弄衣角……

主考官一脸不悦，草草问完了问题就结束了面试，玛莉一脸茫然地退了出来。

面试的结果可想而知……

后来，当玛莉看到自己的面试录像时，十分羞愧，觉得自己的小动作很是不雅，给主考官留下了极坏的印象。

一个不雅的小动作，也许会毁了你的整体形象，就像玛莉第一次应聘时，整体表现佳，却因不雅的小动作而被淘汰。因此，在人际交往中，要尽量避免不雅的小动作，以免影响沟通。

另一方面，我们可以通过观察他人的小动作来解读他人的内心世界，从而使自己更加善解人意。

戴维是一个性格豪爽的年轻人，待人诚恳，热情大方。

一天下班后，他到一位朋友家做客，由于聊得很愉快就忘了时间，眼看快到午夜12点了，朋友和妻子都有些疲倦了，可是看着兴致勃勃的戴维，他们实在不好意思下逐客令。朋友陪戴维聊天的同时，不停地看手表，妻子也困得直打呵欠。他们的这些小动作戴维都视而不见，继续高谈阔论。又过了半小时，朋友的妻子实在是忍无可忍，只得说："今天时间不早了，你明天不是还要上班吗？要不以后再找机会继续聊吧！"戴维意犹未尽，依依不舍地出了门。

第二天下班后，戴维又到朋友家去了，想继续第一天没有聊完的话题。朋友的妻子借口他们晚上有聚会拒绝了他。

在与人交谈的过程中，我们要善于解读别人通过小动作做出的暗示，若是戴维明白了这一点，朋友也不至于第二天拒绝他了。

注重仪表，为形象加分

/
在与人交往中，仪表非常重要，
它反映出一个人的精神状态和礼仪素养，
会给别人留下先入为主的第一印象。
/

穿着打扮也是一种语言，这门语言，在人际交往中，有着不可估量的作用。外表是自己的形象，无论什么时候都要注意自己的“这张脸”。您能做得到吗？

吉恩毕业于一所名牌大学，他成绩优秀，专业知识扎实，工作能力强，在生活中不拘小节，大家都很喜欢他。

只是吉恩有一个不好的习惯，他从不注意个人形象：头发总是乱糟糟的，整天穿着一身破牛仔，一双运动鞋。

一次，他去一家律师事务所面试，依旧是那套“行头”。

刚一见面，负责招聘的人便皱起了眉头，有些不悦。双方勉强谈了几句话后，招聘人员便下了逐客令：“对不起，您的专业素质很高，能力很强，但我们不需要您这样的人。”

这次面试的惨败深深触动了吉恩。以前，在吉恩眼里，能力是第一位的，从来都没有给外表留过位置。这次以后，吉恩懂得了：得体的外表也很重要。

吉恩面试失败，不是因为他的能力不行，知识储备不够，而是输在了他“邋遢”的外表上。“乱糟糟的头发、一身破牛仔、一双运动鞋”，这就是吉恩的门面，让人感觉不礼貌、不严肃。

端庄得体的外表总能给人留下美好的印象，引起他人的好感。北宋名妓李师师深谙这一点，第一次见宋徽宗时精心装扮，“远山眉黛长，细柳腰肢袅”，一下子就征服了这位风流皇帝。

当时的李师师已是名满京城，颇受仕子官宦的追捧。

宋徽宗对李师师早有耳闻：李师师喜欢凄婉清凉的诗词，爱唱哀怨缠绵的曲子，常常穿着素白色的衣衫，淡妆轻抹，一副“冷美人”的样子，招人怜爱。

一日，宋徽宗闲得无聊，穿了便装，化名赵乙去见李师师。李师师见权倾朝野如高俅都是下人打扮，便知来人身份不俗。一番精心装扮，更衬托出李师师的绝世姿容：鬓鸦凝翠、鬟凤涵青、素净淡雅、清纯脱俗，秋水为神玉为骨，芙蓉如面柳如眉，看得徽宗神魂颠倒、不能自已。

从此以后，宋徽宗就经常光顾李师师的青楼。

李师师之所以初次见面就深得宋徽宗的喜爱，是因为她得体的装扮，出水芙蓉般的气质，这让看惯了浓妆艳抹、珠光宝气的宋徽宗有眼前一亮的感觉。

得体的外表是一个人精神面貌的最好体现。同样的，对一个公司来讲，每一位员工的外在形象都是它的招牌和门面，也很重要。

某公司是世界知名的汽车销售企业，位居世界500强之列。公司的董事长十分看重公司职员的个人形象，他常挂在嘴边的一句话是："每一个员工的形象都代表着公司。"因此，他要求每一个职员在与客户谈生意前都要细细审视自己的穿着打扮：

1.脸上有微笑没有？2.妆化好了没有？3.头发梳好了没有？4.胡须刮了没有？5.衣服有皱褶没有？6.扣子扣好了没有？7.裤子有折痕没有？8.皮鞋擦过了没有？

看了上面的规定，也许您会明白该公司成功的奥秘吧！

俗话说："着装打扮不是万能的，但打扮不好是万万不行的。"穿着得体，打扮适宜，自然会为你的交际能力加分。

凸显个性，吸引别人眼球

/

在日常交际中，我们会发现：
有的人虽只见过一面，却给别人留下长久的回忆；
有的人尽管长期与别人相处，
却从未在人们的心中掀起波澜。

/

个性就是一个人在思想、性格、品质、意志、情感、态度等方面不同于其他人的特质。个性的内涵、外延十分丰富，它不仅仅体现在语言和文字上，而且还会体现在自身的气质、着装打扮、待人接物上，等等。个性对一个人的交际活动具有直接的影响。

穆尔是某公司的一名员工，他待人友善，但不爱说话，属于容易被人遗忘的角色。

周末，穆尔所在部门和另一部门相约爬山。一路上大家都很高兴，叽叽喳喳地说个不停，可不爱说话的穆尔却独自坐在一边，一言不发。到了目的地，大家互相搀扶着开始爬山，穆尔则默不作声地把吃的喝的都拎在自己手里。等到休息的时候，同事们总会讲些小故事、小笑话来解闷儿，穆尔依旧默不作声地给大家分发面包、火腿、饮料，然后悄悄坐到一边听大家的说笑。等大家休息好以后，穆尔又来做善后工作——收拾垃圾，一路上穆尔都在默默地为大家服务。

等到晚上回去的途中，其他同事都已经很熟络了，三三两两地结伴而行，可穆尔还是行单影孤的一个人。

年终公司全体员工会餐时，穆尔碰巧坐到了另一部门一起去爬山的一个女孩儿旁边，他跟那女孩儿打招呼，结果女孩儿的反应让他备受打击，她好像根本就不认识他。后来穆尔提到“上次我们一起去爬山”，那女孩儿才似有所悟地点了点头，说：“哦，你就是那个一路上都不讲话的人啊？当时你太安静了，所以我对你没有太深的印象，不好意思哦！”听了女孩儿的话，穆尔的心情变得异常低落。

穆尔和其他同事比起来显得太安静，有些木讷，缺乏自己的特点，也难怪那个女孩子不认识他。在追求时尚、个性的时代，若是没有自己的个性特点，在交际中就很容易被对方忽视。

个性不只表现在谈吐上，也表现在着装上，所以口才一般的朋友不妨在着装上下点儿工夫，让衣着尽显你的品位和个性。

蒙哥马利元帅以他的“贝雷帽”著名。他在这种扁软羊毛质地的小帽上，缀上他指挥的队伍的队徽，还随时穿着一件套头衬衫，这一奇特的装束使得他看上去与众不同。他总是以这样的形象示人，哪怕是在战争最激烈的时候。官兵只要见到一位头上戴着缀着队徽的软帽、穿着一件套头衬衫的人，就知道是他们的司令官来了。

巴顿也一样，他特殊的穿戴是一顶闪亮的头盔，臀部两边各挂一把手枪，甚至在战场上还系着领带。艾森豪威尔穿着一件自己设计的短夹克，最后整个美国陆军都采用这种夹克当制服，而且名字就叫“艾克夹克”。麦克阿瑟也是一个有着鲜明特征的人。在第一次世界大战中，他还只是一个年轻的上校，他的制服就与众不同。他不带盔甲，也不佩戴手枪。在第二次世界大战中，他不打领带的制服、金边帽子、大烟斗和太阳眼镜，都成为他的象征。

名人尚且如此，更何况你我呢？在一群平淡无奇的人群中，你敢特立独行彰显自己的个性吗？若是你没有倾国倾城的美貌，绝世独立的气质，那就让你的着装凸显个性，来吸引他人的眼球吧！

第十一章

交流灵活不树敌，同事沟通要融洽

在职场中，同事间的相处是一门学问。与同事相处，太远了当然不好，会被认为不合群、孤僻、不易交往；太近了也不好，容易让人产生误解。因此，在职场中，要以真诚友善的态度关心新同事，尊重老同事，使得同事之间的关系融洽、和谐，从而促进事业的发展。

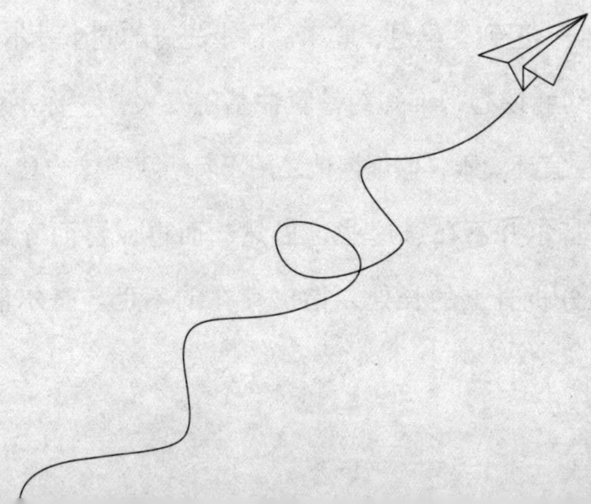

委婉与率真的博弈

/

朋友之间往往说话比较随便，
对方有了缺点或错误会直言不讳地指出；
同事之间相处就会客气很多，说话委婉很多。
其实，同事之间有时也可以直爽一些，
因为直爽会迅速突破心防，拉近彼此的距离。

/

大多数人一旦对他人不满时，往往会采取比较委婉、温和的方式巧妙表达，以免伤及对方的自尊；凡事都有例外，有时候尝试一下“直言敢谏”，也会有不小的收获。

约翰聪明能干，工作认真。他满以为这次年终自己能评上先进，可是宣布名单的时候却让他大失所望。

约翰情绪一落千丈，牢骚满腹。上班无精打采，对人爱理不理，后来不断请假、迟到、早退、旷工。评上先进的同事基尔实在看不下去，便主动找约翰谈心，谁知约翰竟冲基尔发火：“你不要站着说话不腰疼，得了便宜还卖乖，假惺惺地，用不着给我来这一套。”

可是基尔并不在意这些，仍然一而再，再而三地主动找约翰谈话，帮他分析身上的长处，指出存在的不足。基尔很诚恳地说道：

“你思想开放，敢想敢干，工作能力强，却缺乏持久力；在生活中，你有些孤傲，不把同事们放在眼里。一次，一位同事向你请教问题，你理都不理，让同事难堪。正因为如此，同事们对你的印象大打折扣。这次评优失败就是由于你的平日表现不好，同事们想提醒你一下，才没有选你的。”

这些话，以前从来没有人对约翰讲起过，约翰终于明白了自己的问题所在。他十分感谢基尔的坦诚，并为自己先前的行为向基尔道了歉。

约翰和基尔也因此成了很要好的同事。

在新一年的评优中，约翰也成了先进工作者。

约翰之所以感谢基尔，是因为基尔的“真话”。在现代社会，敢讲真话的人少之又少，能听到基尔这么真诚的批评和指正，是约翰的福气。

魏徵以“直言敢谏”著称，也因此赢得唐太宗李世民的重任。在与同事相处时，该“出手”时就“出手”——该直言时就直言。否则，可能会引起麻烦。

一天早上，同事多莎穿了一身淡粉色的职业套装来上班。其他同事们看到她的这一身打扮，都忍不住想笑，心里都暗暗地想：都快四十岁的人了，还穿这么一身衣服，这么糟糕的打扮天底下恐怕没有第二个人了。

就在大家想笑而不好意思笑的时候，琳娜走到多莎身边，嗲嗲地说："我说是谁呢，你刚一进门我真没有认出是您。要我说，您穿这件衣服真精神！这款衣服好像是专门为您设计的，这一穿，衬得您的身材更好了。这腰身，这圆领，简直没得挑；另外，这色彩使您看起来至少年轻十岁！谁要是不这么看啊，绝对是他眼光有问题。"

其实，已到中年、身体发福的多莎根本就不适合那套职业套装，而鲜艳的颜色则更加衬托出了她的肥胖。

但是琳娜却把这套衣服大大夸赞一番，也使多莎错误地以为这件衣服很适合自己。

在琳娜的极力"夸奖"下，多莎穿着这身"得体"的衣服出现在公司的一次重要谈判上。结果可想而知，多莎的这身打扮大大影响了公司形象，使得谈判结果很不理想。

事后，多莎得知是这件衣服惹的祸，心里直埋怨琳娜不讲实话。

后来，她和琳娜的关系也越来越疏远。

同事之间相处，应该以诚为本，不能事事都"溜须拍马"。讲真话，有时候还是很重要的。

即使并非出于恶意，但是谎言终究是谎言，大家都喜欢说真话的人。

友善待人，创造和谐的工作氛围

/

"与人为善，友好相处"是同事之间相处的一条重要原则。
在职场中，要想搞好同事关系，
就需要和同事们和谐友好地相处，打成一片。
这样，我们才能享受到融入集体所带来的好处和乐趣。

/

在职场上，遇事要妥善处理。同事之间要做到以诚待人，宽容大度。有时候一句话就会巧妙化解冲突，收到意想不到的效果。

公司年会上，觥筹交错，热闹非凡。琳琳无意间踩到了男同事阿迪的脚，赶紧红着脸道歉说："对不起，踩到你了。"

不料阿迪却说："不，不，应该由我来说对不起，我的脚长得也太不苗条了。"

哄的一声，聚会上响起了一片笑声。

琳琳冲阿迪报以感激的眼光，做了一个鬼脸，也笑了。

阿迪用一句幽默的话巧妙地化解了琳琳的尴尬，自己也赢得了尊重。

在职场中，应该与同事和睦相处，以礼相待。只有尊重同事，才会获得同事的尊重。这样，就能创造融洽的工作氛围，有利于工作。

年近三十岁的杨西，工作能力很强，但脾气又直又倔，常常得罪人。而且，他有个坏毛病，说话办事从来不注意给人留余地。每次遇到事情，他非要把事做绝，把话说绝。

有一次，杨西为了一件小事和一位同事吵了起来。大家都过来打圆场，那位同事也软了下来，表示愿意道歉。但杨西却不肯罢休，扬言要把同事赶出办公室：“有他没我，有我没他！”大家都劝杨西和和气气地放人一马，但他却始终不肯答应。

结果半年以后，那位同事居然升迁了。这样一来，杨西只好辞了职。

后来，杨西应聘到一家新的公司，在新公司里杨西还是老脾气，同事们都离他远远的。大家都说：“可千万别惹上杨西，他那股不依不饶的劲，不把人逼到绝路上是誓不罢休啊！”就这样，杨西在新公司里工作了五年时间，竟然没人愿意和他交朋友。

杨西很是疑惑，不知道问题出在哪儿。

俗话说：“得饶人处且饶人。”身为同事，朝夕相对，没有必要撕破脸皮，把事情做得太绝。杨西不给同事留面子，最后把自己的退路也给堵上了。

大度能容天下事

/
“海纳百川，有容乃大，壁立千仞，无欲则刚。”
在与人交往时，若能做到宽宏大量，
不小肚鸡肠，一定会有意外的收获。
/

俗语说得好：“人之心胸，多欲则窄，寡欲则宽。”因此，在与他人交往时，不要斤斤计较，退一步海阔天空。下面，让我们来看一下“六尺巷”的由来。

清朝康熙年间，文华殿大学士兼礼部尚书张英为朝廷一品大员。他为官两袖清风，处世谦逊谨慎，对自己的家人要求非常严格。

一天，张英收到一封家里人的来信。原来，老家人要整修府第，但因宅基地界限不清，与邻居方家发生了争执。两家的宅地都是祖上的产业，时间久远了，本来就是一笔糊涂账。公说公有理，婆说婆有理，两家也不肯相让。由于张、方两家都是名门望族，当地官府感到此案很难办，左右为难。

于是，张家人只好写信把这件事告诉了张英。家人希望借助张英的势力让方家让步。张英大人阅完信，释然一笑，挥起大笔，写道：“千里修书只为墙，让他三尺又何妨。万里长城今犹在，不见当年秦始皇。”

家人打开书信一看，明白了张英诗句中包含的深意。于是立即动手将墙拆了，退让三尺，人们交口称赞张家人的旷达。邻居方家也深感不安，全家一致同意也把围墙向后退三尺。两家人的争端很快平息了，两家之间，多了一条巷子，这就是后来被人们广为传颂的“六尺巷”。

“君子有容人之量。”张英劝告家人要谦让、大度，使得争端得以顺利解决。同时，也留下了“六尺巷”的佳话。

在工作和生活中，不乏心胸狭窄、不能容人之辈。面对这样的人，我们更要有宽广的胸襟，做到“宰相肚里能撑船”。

春秋时期，鲍叔牙和管仲二人是好朋友，彼此相知很深。

齐襄公在位时，荒淫无道，滥杀无辜，人人自危，人们纷纷逃往国外。公子纠由管仲辅佐逃往鲁国，公子小白则由鲍叔牙辅佐逃往莒国。公元前686年，齐国内乱，襄公被杀，国内无君。逃往国外的公子纠和小白率兵回国争夺王位。在回国途中，管仲曾驱车拦截小白，引弓射箭，正好射在小白的衣带钩上，小白趁势弯腰诈死，骗过了管仲。管仲得意之际没有细细察看就去向公子纠报喜去了。

公子小白日夜驱车抢先赶回国内，继承了王位，即齐桓公。公子纠失败被杀，管仲也成了阶下囚。齐桓公要拜鲍叔牙为相，并欲杀管仲报一箭之仇。鲍叔牙坚决辞掉相国之位，并指出管仲之才远胜于已，他说：“只有管仲能担任相国要职。宽惠安民，治理国家，制作礼仪，指挥战争，我都比不过他。”并劝说齐桓公不计前嫌，用管仲为相。于是齐桓公不计前仇，重用管仲。

后来果如鲍叔牙所言，管仲的才华逐渐施展，协助桓公在经济、内政、军事方面进行改革。数年之后，齐国转弱为强，成为春秋前期中原地区经济最发达的强国，齐桓公也成就了“九合诸侯，一匡天下”的霸业，成为春秋五霸之一。

齐桓公心胸宽广，不计前嫌，不愧为一代明主。我们敬爱的周恩来总理同样具有这种宽宏大度的容人之量。

有一次，一位理发师正在给周总理刮脸时，总理突然咳嗽了一声，理发师手一抖，就把总理的脸刮破了。这时，理发师十分紧张，以为总理会责罚他。想不到的是，总理不但没有责怪他，反而和蔼地对他说：“这并不怪你，我在咳嗽前没有向你打招呼，你怎么知道我要动呢？”

总理的这句话暖人心田，也让我们看到了总理身上可贵的品质——大度。

宽宏大量是一种美德，被人们所崇尚。在与人沟通中，要时时注意以宽待人，以严律己，从而赢得别人的尊敬和爱戴！

尊重他人才能赢得他人的尊重

/
“你想要别人怎么对待你，你首先要怎么对待别人。”
要想获得他人的尊重，
首先要学会尊重他人。
/

别抱怨别人不尊重你，要先问问自己是否尊重别人。下面让我们来共同回忆一下《大山的回声》这个富有哲理性的小故事吧！

一个小孩子跟着妈妈到大山里玩耍。小孩子高兴地在前面跑，把妈妈远远地落在了后面。于是，小孩子回头大声地喊道：“妈妈。”一个声音也学着他喊：“妈妈。”小孩子问：“你是谁呀？”对方也问：“你是谁呀？”小孩子生气了，说：“你讨厌！”对方也说：“你讨厌！”小孩子愤怒地说：“我恨你！”对方也说道：“我恨你！”

这下，小孩子害怕极了。他跑回到妈妈身边，扑到妈妈怀里哭起来。妈妈安慰他说：“孩子，不要怕，那是大山的回声。只要你对它友好，它也就会对你友好。你再试试看啊！”

于是，这个小孩子再次来到山边，照妈妈说的做了。小孩子微笑地喊道：“你好，我爱你！”大山也微笑地回应他：“你好，我爱你！”

小孩子开心地笑了。

这个小孩子最终得到了大山友好的回应。同样地，在与人交往中，你播种什么就会收获什么，你给予什么就会得到什么。

安迪是某制药公司的业务员。他的客户中有一家大型平价药店，每次他到这家店里去的时候，总要先跟柜台的营业员寒暄几句，然后才去见店主。有一天，他到这家药店去，店主突然告诉他今后不用再来了，因为他不想再要安迪公司的药品了。安迪无奈地离开了药店。他开着车子在镇上转了很久，最后决定再回到店里，把情况说清楚。

当安迪再次走进店里的时候，他像往常一样和柜台上的营业员打过招呼，然后到里面去见店主。店主见到他很高兴，笑着欢迎他回来，并且比平常多订了一倍的药品。这个业务员对此十分惊讶，不明白这是怎么回事。店主指着柜台上的一个男孩说："在你离开店铺以后，这个男孩走过来告诉我，你是到店里来的推销员中唯一同他打招呼的人。他告诉我，如果有什么人值得长期合作的话，那一定是你。"从此店主成了安迪最好的客户。

安迪的成功之处就在于他关心、尊重身边的每一个人。

当你用诚挚的心尊重对方时，对方也会给予你意想不到的微笑与尊重，从而营造出美好、和谐的人际关系。

贝克是一个很成功的商人。他经营着一个大的电脑销售公司，公司的生意十分红火，来自全国各地的订单像雪片一样飞过来。

一天，贝克在下班途中看到一个衣衫褴褛的台灯推销员，询问之后才知道，这位推销员接连几天一盏台灯都没有卖出去，根本没钱吃饭。贝克顿生一股怜悯之情，他不假思索地将100元钱塞到卖台灯的人手中，然后头也不回地走开了。

走了没几步，他忽然觉得这样做不妥，于是连忙返回来，并抱歉地解释说自己忘了取台灯，希望不要介意。最后，他郑重其事地说：“您和我一样，都是商人。”

时间流逝，两年之后，在一个名流云集的社交场合，一位西装革履、风度翩翩的成功商人迎上贝克，十分感激地自我介绍道：“您可能不记得我了，而我也不知道您的名字，但我永远不会忘记您。您重新给了我自尊，使我有勇气走出自卑，走向成功。我一直觉得自己是个衣衫褴褛的乞丐，没有勇气开口推销，直到您亲口对我说，我和您一样都是商人为止。”

这就是尊重的魅力。尊重的力量是无穷的，贝克恰当的行为举止、简简单单的一句话，使一个自卑的人重新树立起了自尊，重新找回了自信，走向了成功。与此同时，贝克也收获了尊敬。

总之，在人际交往中，若要人敬己，先要己敬人。只有自己首先做到了，才能要求别人去做。互尊互重，是人际交往的准则。

聪明地应对异议和分歧

/
在职场中，同事之间难免会对同一问题有不同的看法。
只要本着和平共处的原则，
针对不同的情况，灵活地处理，
就会化解矛盾，雨过天晴。
/

古人云："同船皆是有缘人。"没有必要通过斗争来解决与同事之间的分歧，有时候，你开个玩笑，大家哈哈一笑，矛盾也就解决了。

在这个办公室里，只有皮特一位男士。皮特是一位很优雅的绅士，对女同事照顾有加，办公室有什么脏活儿累活儿自然都是皮特的，皮特也乐此不疲。

只是皮特有一个很不好的习惯，多年来烟不离口。

一天，皮特工作时情不自禁地掏出烟来，吞云吐雾地吸起来。这时候，女同事们受不了了，忍不住悄悄议论。莉娜终于站起来说："我亲爱的皮特先生，工作时间，您可不可以不抽烟啊？"一时间，办公室里静得出奇，大家都担心皮特面子上过不去，会不高兴。谁知皮特猛吸了一口烟，把烟头掐了，笑着说："既然你们不愿意接受我的熏陶，那，我也就不勉强了。”

女同事们哈哈大笑。

皮特以幽默的方式赢得了同事们的谅解。同事之间出现分歧、摩擦时，若是适当地加入幽默的润滑剂，就会大事化小、小事化了。

“世界上没有两片完全相同的叶子”，每个人也都是不一样的。每个人都有选择自己世界观、价值观的权利，所以大家产生分歧和矛盾很正常。

小李是个非常有天赋的人，在最初见面的时候她就给同事张姐留下了很深的印象。

张姐是公司的骨干，工作能力强，做事雷厉风行。在小李刚加入她的部门的时候，张姐对她满怀期待，但她的那些期望没能实现。小李的工作十分出色，而且在小组中获得了很高的评价，但是每次张姐激励她，要她更进一步的时候，她总是表现出敷衍的态度，很不上心。

不可思议的是，小李对她现在的位置很满意，没有更多奢求了。这简直让张姐不可理解，她看到了小李的潜力，认为她完全有能力比现在做得更好。事实上，她认为如果小李停留在现在的位置上对她的潜能简直是一种浪费。

在私底下，张姐从没有忘记提醒小李她有足够的能力胜任比她现在更高的位置。每当小李表现出她无意高升时，张姐就会很生气。

一天，小李突然提出辞职，说是为了照顾生病的妈妈要找一个半日制的工作，这对张姐来讲是一个彻底的打击。

张姐困惑地告诉小李，她不能理解小李，她原本希望小李在自己的工作岗位上能有更好的发展。

小李解释道："你给了我太多的压力，你要求我成为我根本不想成为的角色——我没有伟大的抱负，不想在事业上给自己太大的压力，我只想有一份自己喜欢的工作，稳定的收入而已。我成为不了你想让我成为的人。我打算辞职另找合适的工作了。"

张姐听得是一头雾水。她原本还以为自己是在帮助小李呢，却不知是自己做错了。

在这个事例中，张姐和小李之间存在分歧——价值取向不同。张姐老是想按照自己的想法改变小李，殊不知，小李不想那么做，等到张姐明白已经晚了。

在职场中，面对分歧，要学会求同存异，不要把冲突看得太重，只要保持心胸宽广，冷静处理，就会有和睦融洽的同事关系。

虚心向老同事学习

/
刚入职场的新人，应该虚心向经验丰富的老同事学习。
一方面，可以使自己在工作中少走一些弯路；
另一方面，还可以使同事之间的关系更融洽。
/

在日常工作中，新同事应该谦虚谨慎，适时地向老同事请教，这样往往会达到事半功倍的效果。

詹妮负责公司的商标设计。一天她浏览网页时发现有的公司的商标设计很独特，色彩搭配合理，整体效果突出，富有创意。

于是她想改变初衷，把原来做的设计再进行大胆突破，她相信重新设计出的商标一定会给人耳目一新的感觉。

詹妮越想越兴奋，并把自己的想法告诉了老同事凯文，请他给自己一些指点。

凯文看到詹妮这么谦虚好学，很支持她的想法，鼓励她大胆去做，并且给她提出了很多好的建议。

几个星期后，詹妮的商标设计投向市场，效果不俗。

詹妮在自己有了新想法以后，并没有自顾自地去做，而是首先向老同事请教并询问意见，最后得到了老同事的支持和帮助。

新人进入职场，往往会遇到经验丰富、资历深厚但喜欢倚老卖老的同事。这时候，新人只要坦诚、谦虚一些，低调一些，就会赢得老同事的喜爱，跟老同事和睦相处。

罗莎在一家公司做文秘工作，工作快两年了。回想起自己的经历，她颇有感触地说，在工作上要尊重身边的同事，尤其是对资历深的老同事一定要时刻保持尊敬。

刚进这家公司时，罗莎就听说部门里有一位叫保成的老同事，性格特别古怪，说话刻薄，对新同事表现得很不耐烦，有同事还私下里提醒过罗莎："小心点儿！尽量离他远一点儿。"但是罗莎并没有对这位老同事敬而远之。

第一天刚到办公室，她就主动地跟保成打了招呼，并告诉对方自己的名字和联系方式。

有一回，保成让罗莎整理一份文件，其中有几处数据他认为不合理，于是要求罗莎去核对。经过几番周折，罗莎终于弄明白，整理好了。等到罗莎向保成汇报时，保成却说："这么简单的事情，你怎么用了这么长时间？"

罗莎赶紧解释，可没等她把话说完，保成就不耐烦了："出去吧！以后干活儿利索些！"罗莎当时特别委屈，但还是嘱咐自己不能冲动。后来，罗莎找了个机会向保成解释清楚：不是自己不努力，是老板临时安排自己去开会了。这份文件还是晚上熬夜整理出来的。

从那以后，保成对罗莎和气了很多。一次，罗莎正在发愁怎么写报告呢，保罗适时地点拨了一下，使得罗莎写出了一份出色的报告，受到了领导的表扬。

“精诚所至，金石为开。”有些老同事自恃经验丰富、根基深厚，态度不太友好，但是只要你谦和有礼，尊重他们，老同事们就会真诚地接纳你，在工作上给予你帮助和支持。

在职场中，不妨多向老同事学习学习，从他们的成败得失里寻找可以借鉴的东西，这样可以让自己少走弯路。

热情关心新同事

新同事来到一个新的单位，
总会有一种“人生地不熟，初来乍到”的感觉，
感觉很无助、很孤单。
因此，作为老同事的您，可以主动关心帮助新同事，
让新同事的心里也暖暖的。

老同事对待新同事要热情友好，关心新同事的生活、工作。在他们需要得到帮助时，伸出援助之手。

凯文是这家企业的元老级人物，自打老板创业以来，就勤勤恳恳地跟随老板，为公司立下了汗马功劳。

由于凯文在大学时专攻企业管理，再加上这么多年来的企业管理实践，所以被老板任命为销售部经理，负责公司的运营工作。公司的效益好了，老板自然也经常在其他员工面前称赞凯文，说凯文是公司最有头脑、最能干的一个。面对老板的夸奖和重用，凯文自然高兴，比以前更加努力地工作。

一天，公司来了一位名叫珊妮的新同事。珊妮是一名刚刚毕业的大

学生，缺乏实践经验，再加上工作环境、人际关系都不熟悉，一份报告单签下来，都得要花费大半天的时间。大家纷纷抱怨，耽误自己的时间不算，还耽误各个部门的工作进展。凯文待人友善，看到珊妮在工作上遇到很多困难，就主动帮忙，带着她在各个部门熟悉了一下，介绍了一下相关的人员，以及整个公司的运作流程，又告诉珊妮在工作中该注意什么，怎么做能够提高效率，最终帮助珊妮树立了信心，很快适应了环境。

几天下来，珊妮就如鱼得水，游刃有余了。珊妮很是感谢凯文，只要是凯文部门交代的工作，珊妮总会快速有效地做好。后来，珊妮调到凯文的部门，成了凯文的得力助手。

在与新同事相处时，我们要以宽容、平等的态度对待他们，只有那些竭尽心力帮助别人的人，才能获得他人的尊重。

“得道多助，失道寡助。”作为老员工应当多些耐心，胸襟博大，宽容待人。不能倚老卖老，指手画脚。

秋季刚开学时，学校来了一位新老师安琪。安琪年轻漂亮，刚刚从大学毕业。她待人友善，和蔼可亲，平日里和同事们相处得很融洽。另外，她的课也讲得很好。这不，才刚来一个星期，就获得了学生的好评：“那位老师讲课真好，课件也做得精彩，听说还带学生去野外实地考察了呢，羡慕啊羡慕！”

安琪年轻，思想活跃，教学方法新颖，很容易和同学们打成一片，赢得了同学们的爱戴。只是这样一来，一些学历不高、知识体系趋于老化的老教师就感到了危机。

因此，办公室里的气氛就有些不对劲儿了。老教师老罗经常指桑骂槐、明嘲暗讽，对安琪的工作也极不配合，有时候还故意找碴儿，安琪一脸无奈。

更可气的是，每次安琪只要在办公室备课，老罗就把收音机打开，音量开到最大，使安琪不能集中精力。

安琪看在老罗是老教师的分上，不与他计较。

如此一来，其他的教师就看不过去了，纷纷劝说老罗不能这样对待新同事，安琪来自外地，人生地不熟，自然有诸多不便，我们老教师都应该尽地主之谊，为新教师排忧解难，使她更快地融入新环境。是的，安琪很优秀，但我们经验丰富啊，我们可以与她互相学习、取长补短啊！

老罗仔细想想，也觉得自己做得有点儿过分，很惭愧。第二天早上，老罗买了一盆仙人掌放在安琪的办公桌上，阳光洒满了整个办公室。半年以后的一天，老罗收到了安琪送的生日礼物——一只可爱的小熊。安琪和老罗的关系处得越来越好，同学们总是能看到他们俩在一起讨论教案的身影。

老同事对待新同事本来就应该大度、宽容。还好，老罗明白得还不晚，和新同事安琪建立了友好、融洽的关系。

年轻人对年长的同事要多学多问、多尊重，年长者对比自己年轻的新人则要多帮助、多鼓励、多爱护，这样同事间的关系才能和谐。

用闲聊拉近彼此的距离

/
朝夕相处的同事们谁都免不了互相聊上几句，
一来交流信息，二来沟通情感。
/

工作之余，同事间聊聊天，一块吃顿饭，一起唱唱歌，放松一下精神，消除工作带来的疲劳，是非常惬意的事。

阿华善良、老实，但是性格内向，不爱与人交谈，不能引起大家的注意。

所以，尽管他在工作上勤勤恳恳，业绩出色，可是在公司里却没有一个知心的朋友——同事们都不大喜欢像他这样沉默寡言的人。

一次，阿华和同事罗琳一起出差。在火车上，实在是无聊，罗琳就和阿华谈谈天气，谈谈美食。不一会儿，罗琳感觉实在是没什么话题可聊了，就有些犯困。

这时候，阿华突然瞥见罗琳脚上穿着一双款式很新潮的皮鞋，非常抢眼，于是就说：“罗琳，你这双鞋子很有品位，很适合你，在哪里买的？”

阿华原本也只是不经意的一说，但罗琳一听，顿时来了精神。“这双鞋啊，可是世界名牌呢！”罗琳的话匣子一下子就打开了，滔滔不绝地讲述自己在服装搭配上的心得，还善意地指出阿华平时着装的不足，两人言谈甚欢。

在以后的工作中，罗琳碰到阿华总会热情地打招呼，聊上几句。阿华也因此和罗琳熟悉了起来。

在阿华生日的时候，罗琳还招呼其他的同事一起来庆祝。阿华很是感动。

从此以后，阿华在罗琳的带动下，和同事们慢慢地打成了一片，关系很是融洽。

阿华和同事关系的改善得益于一次成功的闲聊，正是那次与罗琳间的谈话，拉近了彼此的距离，也收获了融洽的同事关系。

闲聊能增进感情，使同事间的关系更融洽。但任何事物都有一个范围和尺度，与同行、同事闲聊时，最忌讳说三道四、搬弄是非。

卡莉和凯丝是关系很好的朋友，两人毕业于同一所大学，又进了同一家公司。她们俩在工作上也是互帮互助，关系融洽得很。

但是随着卡莉被提升为部门主任，凯丝的嫉妒心就开始暗中作祟，她心想：卡莉有什么了不起，在学校的时候还没有我优秀呢，为什么提拔她呢？

凯丝突然想起卡莉刚进公司时，曾对自己说过：“我们的经理真是又年轻又帅气，跟他一起工作干劲十足。”那时，凯丝只把这当作一句玩笑话。但是现在不同了，她开始怀疑卡莉是利用美色才得到这个职位的。

凯丝把卡莉的这句话告诉了很多同事，大家对此反应不一，有的一笑置之，有的窃窃私语、半信半疑，还有一些人喜欢搬弄是非，就添油加醋地传来传去。大家看卡莉的眼光马上不一样了。

这突然发生的情况让卡莉很困惑，后来才慢慢发现是凯丝从中捣鬼，两人一下子从好友变成了陌路。

流言蜚语是生活中的软刀子，一旦传播出去，后果不堪设想。很多人对说长道短的人都怀有强烈的戒心。经常搬弄是非的人，会让同事避之不及，得不偿失。

有个长舌的老妇人向牧师承认说过许多人的闲话，她想知道还有没有办法可以弥补。牧师递给她一个枕头，要她到教堂的钟楼上，把枕头里的羽毛散到空中去。她照着做了。

牧师说：“好吧，现在把每一根羽毛再收集起来，放回枕头里去。”

这位老妇人为难地说：“牧师，那是办不到的！”

牧师严肃地说：“同样地，要追回所说的每一句闲话，那就更难办到了。”

同事之间相处要以诚为先，适当的闲聊，拉拉家常，本无不可，但切忌探听和传播他人的隐私，搬弄是非的人最终会搬起石头砸自己的脚。

第十二章

上通下达巧游弋，沟通领导要谨慎

在现代企业中，领导与下属的沟通越来越重要。作为领导，既不能太严，也不能太宽，要恩威并施，充分调动下属的工作积极性，把下属紧紧团结在自己周围；作为下属，要尽职尽责，积极提出有效的建议，并虚心接受领导的批评。

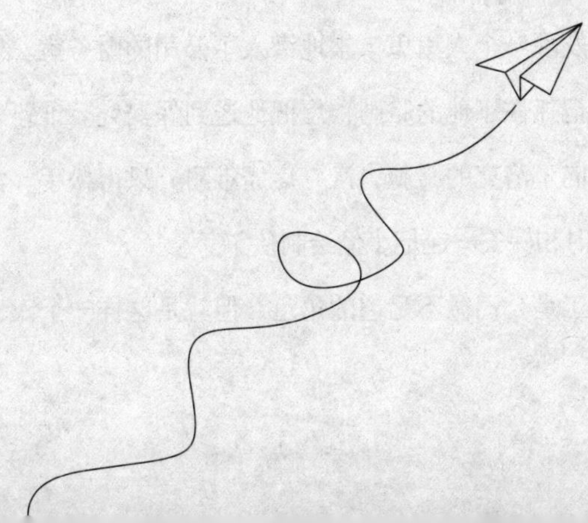

赞美和鼓励比批评更有效

/
每个人都渴望得到社会的认可和尊重。
赞美下属，对下属多作肯定性评价，
不仅可以满足下属对荣誉感和成就感的追求，
还可以活跃上下级谈话时的气氛，
沟通上下级之间的感情。
/

肯定性评价是对一个人工作、能力、才干及其他积极因素的肯定。赞美下属，可以使下属在精神上受到鼓舞。因此，哪怕是下属取得了一点儿小小的成绩，领导都要及时地表扬，给予肯定性的评价。

洛克是某大型公司的一名清洁工，负责全公司上下的卫生保洁工作。

一天下午下班后，洛克像往常一样开始打扫卫生，当他来到十七层的时候，发现一个人鬼鬼祟祟地潜入了公司的财务室。他悄悄跟在那人后边，一把抓住了他的胳膊，想把他送到保安处。谁料想，那人拿出一把刀子刺向了洛克的胳膊，洛克疼痛难耐，只得松手。洛克边喊边追，追到一楼时和保安一起把小偷给制伏了。

清洁工是公司微不足道的角色，但就是这样一个人，却在公司被窃时与小偷进行殊死搏斗，为公司挽回了重大的损失。

事后，公司为洛克举行表彰大会，主持人问他为什么有那么大的勇气时，洛克说：“总经理吉森从我身旁经过时，总会赞美我‘你扫的地真干净’，这让我觉得自己对公司很重要，所以我愿意为公司做任何事。”

肯定性评价就像温暖人们心灵的阳光，激励人上进。吉森肯定洛克的工作做得好，使得洛克愿意全心全意地为公司服务，为保护公司的财产竭尽所能。

管理中难免会有批评，领导批评下属一定口下留情，在下属工作出现失误时，千万不要一棒子打死，而是要从鼓励的角度出发进行批评，帮助其改正错误，获得进步。

小王上班经常迟到，李总看在眼里但没有说什么。一次，小王来得很早，恰好在电梯口碰到李总。李总赞扬小王说：“来得很早啊！公司的员工都像你这样就好了！”李总的表扬让小王心情大好。

为了对得起李总的表扬，小王改掉了睡懒觉的习惯，从此再也没有迟到过。

不要拒绝表扬有缺点的下属。有缺点的人更需要表扬。表扬是一种力量，它可以促进下属弥补不足、改正错误，而领导的冷淡和漠视则会使这些人失去前进的动力，不利于问题的解决。

米拉在一家公司的宣传部门工作。

米拉最佩服的人是经理查理。查理平易近人，最会夸奖下属，令下属心情舒畅，不仅极大地提高了工作效率，还建立了融洽的上下级关系。

一次，米拉拿了一份网页设计图给查理看，查理看完后连连赞赏："米拉，你真不愧为咱公司的金牌设计师，设计出的网页新颖、独特，整体效果很好。另外，我们一起来看一下，若试着把色彩调亮些，效果会不会更好？"

米拉听了查理的赞许，觉得自己很厉害，非常开心，对查理的建议也很乐意尝试。于是米拉当天晚上连夜加班，做出了更完美的设计图。

肯定性评价是激励下属奋发图强的兴奋剂。在表扬有缺点的下属时，也要做到公正，不能因为他们有缺点就看不到他们的成绩。哪怕下属只是有了一点儿小小的进步，也不要忘记对他表示你的赞扬和认可。

领导对下属多作肯定性评价，满足他的成就感，就能巧妙博得下属的心，使得下属全心全意地为工作付出。

别念唐僧的“紧箍咒”

/

《西游记》中本领高强的孙悟空最怕师父唐僧念“紧箍咒”。
在职场中，作为领导的“唐僧”，
不要动不动就运用自己的权力制约下属，
要给下属一个自由发展的空间和一个自由展示的平台。

/

在职场中，也不乏“唐僧型”的领导，由于本事有限，只能通过“紧箍咒”来控制下属，使得上下级关系一度紧张：下属要不就逆来顺受，委曲求全，要不就辞职走人。

雷诺就读于一所名牌大学的土木工程系，毕业后分配到专业对口的市政建设部门工作。

雷诺勤奋好学，很有才华，在校期间设计出的作品多次获奖。但是，他也是一个很有个性的人，有副驴脾气，认准了的事九头牛也拉不回。偏偏他的顶头上司罗德是个“唐僧型”的人物，缺乏专业知识，做出过不少错误的决策。为了这些错误决策，雷诺跟“唐僧”吵过多次，也不管用。雷诺的工资被一扣再扣，以示“惩罚”。

一次，雷诺负责本市东城区一个公园的设计规划。雷诺经过实地勘察、测量，结合本地区旅游特色，制作出了设计图。当雷诺把公园的规划图拿给罗德看时，罗德皱着眉头说："耗资太大，重新设计。"雷诺很生气，说："从长远角度来讲，这是最符合我们城市发展的设计规划，一旦建成，不但本市市民可以来公园休闲娱乐，还可以吸引大批外地旅客来此观光旅游。"罗德对雷诺的看法很不屑："我有决策权，我说了算。你回去改吧！若是再不服从指令，你就可以走人了。"

雷诺回到办公室，越想越气，很快递交了辞职申请。

《西游记》中孙悟空要打死吃人的妖怪，明明是为"大局"着想，可唐僧非但不支持，还自以为是，在紧要关头念"紧箍咒"，不仅放走了妖怪，还让孙悟空痛苦不堪。上面例子中的上司罗德也犯了和唐僧一样的错误，害得雷诺不得不辞职，造成了人才流失。

"唐僧"作为领导者，其实并不需要处处比下属有本事，但一定要管理有方、领导有术，让下属心服口服。

莱安今年28岁，是一个年轻有为的小伙子。

他毕业以后来到一家跨国公司上班，由于表现出色，老板想让他担任管理工作，把他派到公司生产状况最糟糕的部门，让他负责管理三个死气沉沉的领班。这三个领班的年龄都比莱安大很多，莱安要行使权力自然不大容易。

但莱安并没有知难而退，他积极开动脑筋，想出了一个好办法。莱安每天都把三个分部前一天完成的工作数量和合格率统计、张贴出来，并对本部门总的生产情况进行打分，然后还把这个结果与公司其他部门的生产情况进行比较。虽然莱安并没说什么，但每天的统计和比较自然激发了员工及领班的斗志，他们都想自己所在的分部超过其他分部，自己所在的部门超过其他部门，工作效率大大提高了。

第一次，莱安所在的部门打破了以前的生产纪录，莱安把三个领班召集到一块儿，买了些咖啡，一起聊聊天，庆祝一下。

第二次，莱安所在的部门打破了公司的生产纪录，莱安不仅买了咖啡，还买了甜点来慰劳他们。

第三次，莱安所在的部门被评为生产先进单位，莱安把三位领班请到家里，吃比萨饼、玩扑克。

这样，上任不到半年，莱安所在的部门就成了全公司生产率最高的标兵。

莱安没有肆意使用手中的“撒手锏”，而是采取巧妙的方法，使得下属心悦诚服地工作，也使得上下级关系非常融洽。

在职场中，身为领导，切忌成为“真唐僧”，让“紧箍咒”破坏自己与下属的关系。

批评下属要有“度”

/
作为领导，批评下属时要顾及下属的自尊心，
切不可口不择言。要很好地控制自己的情绪，
力争做到心平气和、冷静处理。
/

“做得好，不如说得好；说得好，不如说得巧。”领导在批评下属时，也要讲究批评方式、批评技巧，既能顾全下属的面子，又可以达到批评的目的。

纳特是一位知名的飞机驾驶员，时常在世界各地的航空展览中心进行各种各样的飞行表演。有一次，纳特在纽约的航空展览中心表演完毕，在飞往洛杉矶的途中，飞机的引擎突然熄火。幸运的是，纳特以他精湛的飞行技术使飞机安然无恙地降落了。

虽然这场突如其来的意外没有造成人员伤亡，却导致飞机严重受损。当纳特成功迫降之后，他马上检查飞机的燃料。果然不出他所料，他驾驶的本是喷气式飞机，但所使用的燃料却是螺旋桨飞机的燃料。

纳特返回机场后，立刻找到为他保养飞机的小伙子维克。维克很难过，为自己所犯下的失误深感自责。毕竟他的错误不仅导致一架昂贵的

飞机损毁，还差点儿断送了机组人员的生命。面对这种情况，大家都认为纳特会非常愤怒，即使不追究维克的责任，至少也会把维克解雇。然而，令人们意外的是，纳特不但没有责怪维克，还紧握维克的手说道："为了表示我深信你不会出现同样的错误，我想要你在明天再次为我保养飞机……"

纳特的话还没说完，维克的脸上已淌下感激的泪水。在以后的工作中，维克再也没有出过差错。

批评时应尽量做到委婉柔和，这样才能使被批评者以一种平和的心态来接受，并积极地进行总结和思考，避免再次犯错。

失败的领导往往在发现下属的错误时就火冒三丈，劈头盖脸地臭骂一通，这无疑将极大地伤害对方的自尊心，不仅于事无补，有时还会激化矛盾。

办公室里气氛活跃，裴迪正在跟同事有说有笑。突然，电话铃响起，裴迪拿起电话，是销售经理瑞恩打来的："裴迪，你到我办公室来一趟！"还没等裴迪说话，瑞恩"啪"的一声挂了电话。

这突如其来的"传讯"，让本来还很高兴的裴迪一下子心惊胆战起来，他硬着头皮走进了瑞恩的办公室。"裴迪啊，你这个月的销售成绩怎么这么差啊？你看看人家麦伦，刚来一个月，工作业绩就飙升到本月第一名。你以为我能让你拿这么高的薪水，而交出这么差的作业吗？工作做不好还一副自命不凡的样子，简直像个白痴，这么多年都白干了！”还没等裴迪开口，瑞恩就一顿连珠炮般地轰炸，还把一叠厚厚的表格重重地扔在裴迪面前。“经理，我……”裴迪本想趁这个机会就此事与瑞恩好好谈一谈。“别说了，你回去好好反省吧。我再给你一个月的时间，要是下个月你的业绩还不能提升，那么你就可以走人了。你可以出去了，顺便把门给我关上。”

一想到瑞恩那咄咄逼人的架势，裴迪心里就不舒服，自己为公司服务多年，开发新客户，巩固老客户，也为公司立下了汗马功劳。这次是因为开发了新业务，客户数量不多。更重要的是，由于物流部门发货不及时，有很多客户临时取消了订货单，销售业绩自然不佳。新员工麦伦做的是公司的老业务，接手的很多都是裴迪原来的客户，客户数量众多，关系牢靠，自然容易出业绩。裴迪觉得瑞恩只看数字，不问事实，根本没法沟通。失望至极，裴迪辞职了，公司的新业务也因为缺乏强有力的市场开拓人员而中途夭折。

“人非圣贤，孰能无过”，下属犯错误是正常的，作为领导，批评也是应该的。但是，领导在批评前一定要弄清楚状况，不能把批评当成发泄自己不满情绪的机会，否则会适得其反，得不偿失。

作为领导，在批评下属时也要讲究技巧。若是随着自己的性子来，不顾及下属的自尊心，就会让下属产生抵触心理，影响其工作积极性；若是批评的言语太过轻描淡写，又往往达不到批评的效果。因此，领导在批评下属时要把握适度的原则！

给下属发言的机会

“念高危，则思谦冲而自牧；惧满盈，则思江海下百川。”
领导要给下属发言的机会，集思广益，
才能做出正确的抉择。

“海纳百川，有容乃大。”作为领导者，要胸怀宽广，要善于倾听下属的想法和意见。

一家电子公司派瑞斯去开发海外市场。瑞斯一接到工作任务，就很快拟定了一份市场开发方案。

在接下来的市场开发动员会上，瑞斯高谈阔论，把方案详细讲解了一遍，没等别人说话就通过了。当他手下的业务人员提出反驳意见时，瑞斯傲慢地说：“我的方案是经过反复考虑的，绝对是正确的，不用再讨论了！”结果可想而知，瑞斯大败而归，白白浪费了公司很多资源。

公司只好再派瑞达去开发海外市场。瑞达做事周密，未雨绸缪。他首先召开部门全体会议，想听听大家的意见。在会上，他首先提出了自己设想的市场开发方案，然后让大家根据各自考察的情况讨论其可行性。业务人员畅所欲言，会场上气氛热烈。瑞达把大家的意见一一记录下来，进一步完善了方案。

瑞达根据这个成熟稳妥的方案进行操作，果然打开了海外市场，为公司带来了滚滚财源。

在上面的事例中，瑞达和瑞斯的行为形成了鲜明的对比。作为领导，若能给下属发言的空间，无形中会增强他们的认同感和工作动力，有利于更好地开展工作。作为领导，认真聆听下属的声音，不但会让你的决策更完美，还会让下属和你走得更近！

波尔是一家大型汽车企业的执行总裁。他广开言路，善于倾听下属的声音。他最常说的一句话就是：“我们要耐心地听取下属要我们听取的事情，即使这些意见不是最合理的。”

波尔鼓励员工在公司网站上、广告宣传栏上等一切可以发言的地方大胆提出意见和看法，说出自己的心里话。

平日里，波尔喜欢和下属一起探讨问题。

彼特是该公司的汽车设计师，在这家公司已经工作了十年之久。最近，波尔找到彼特，就改善汽车设计模式寻求彼特的意见。两人在一起探讨了很久，最后波尔听取了彼特的意见，决定按照彼特的设计思路生产下一批汽车。

除此以外，波尔还喜欢下车间，走到生产的第一线和员工们探讨问题。

一次，波尔和汽车装配工伍德聊天时，了解到装配工人对不同类型和不同种类的螺栓、螺钉和螺母非常头痛，他们往往为了寻找恰当的螺钉或螺母耗费了大量时间，极大地影响了工作效率。针对这一问题，波尔召集几位工程师协同作战，终于找到了解决的办法，极大地提高了生产效率，公司也因此大大降低了成本。

作为领导的波尔和蔼可亲，和下属肩并肩“作战”。同时，他还广开言路，善于聆听下属的意见和建议，最终取得了事业上的巨大成功。

任何一个聪明的、想有所作为的上司，都要给下属发言的空间。当下属拿出许多意见来供参考时，正是一个领导把事情做得更加完美的机会。

对症下药，巧妙征服顽固型员工

/
下属对领导多是毕恭毕敬、言听计从，
但是也有一些有“个性”的下属，
不听从领导指挥。
面对不好管理的顽固型员工，领导要讲究一定的沟通策略和技巧。
/

华佗是东汉末年著名的医学家，他精通内、外、妇、儿、针灸各科，医术高明，诊断准确，在我国医学史上有很高的地位。

华佗给病人诊疗时，能够根据不同的情况，开出不同的处方。

有一次，州官倪寻和李延一同到华佗那儿看病，两人诉说的病症相同：头痛发热。华佗分别给两人诊了脉后，给倪寻开了泻药，给李延开了发汗的药。

两人看了药方，感到非常奇怪，问：“我们两人的症状相同，病情一样，为什么吃的药却不一样呢？”

华佗解释说：“你俩相同的，只是病症的表象，倪寻的病因是由内部伤食引起的，而李延的病却是由于外感风寒、着了凉引起的。两人的病因不同，我当然得对症下药，给你们用不同的药治疗了。”

倪寻和李延服药后，没过多久，病就全好了。

这就是“对症下药”这一成语的由来，现在多用来比喻要善于区别不同的情况，灵活地处理各种问题。在职场上，管理者与不同类型的下属沟通，也要注意采取不同的方法。

埃达是一家公司的设计师，工资优厚，待遇不错。

但是，他时常与领导发生争执。一次，董事长奥卡让他修改一下产品的设计思路，埃达理都不理，把董事长晾一边，继续忙自己手里的事情。正因为如此，董事长奥卡一直没有重用他。

一次偶然的机会，奥卡发现埃达勤奋好学，每天都在自修企业管理的课程，很是意外。奥卡经过调查，得知埃达虽然经常跟领导叫板作对，但并没有恶意。他是因为高明的见解得不到领导的认可，怀才不遇，心里郁闷才和领导过不去的。

奥卡发现了症结所在，于是诚恳地邀请埃达来做他的助理。埃达对这次提升有些意外，但他的工作态度及为人处世态度开始明显改变。两年以后，在奥卡的大力推荐下，埃达加入了该公司的执行董事会。又过了五年，埃达又成为决策部门的高级董事。

这时候的埃达，对董事长奥卡的命令“言听计从”，即使是意见不合，也不再用争执的方式来解决问题。面对其他同事，埃达也亲切随和，跟以前判若两人。

埃达属于“怀才不遇”型的下属。面对这种下属，最好的办法就是给他舞台，让他尽情地展现。若是继续压制，情况会更糟糕。

美国的巴顿将军作战勇猛，攻无不克战无不胜，但是他也有一些“小毛病”，让艾森豪威尔很为难。我们来看一下艾森豪威尔是如何“对付”巴顿的。

巴顿将军作战勇猛果断，是个将才，他的毛病是常常不分场合地发表言论，给上司招来许多麻烦。

在诺曼底战役的前夕，他在英国发表讲话说：“战争胜利后，英国和美国需要联合起来管理世界。”这句话令罗斯福暴跳如雷，引起一场轩然大波。

艾森豪威尔对这个下属颇为了解，他认为最简单的解决办法是让巴顿在战争中担任一个重要职务，阻止他公开演讲。

因此，当巴顿提出辞职时，艾森豪威尔笑着说：“你还欠我们一些胜仗，偿清它吧，全世界将相信我是一个聪明人。”

在诺曼底战役中，巴顿指挥美国第三集团军，他的坦克部队大胆地长驱直入，纵横切割，打得希特勒叫苦连天。

在职场中，作为一个领导，不仅要有工作的魄力和胆识，还要巧妙处理与下属的关系。针对顽固型员工，一定要做到具体问题具体分析，对症下药，巧妙处理，把所有下属紧紧团结在自己周围。

注意跟领导说话的方式和技巧

/
怎样和领导说话，有时能关系到我们的命运。
在领导面前是该沉默寡言、小心谨慎还是侃侃而谈、无所顾忌呢？
/

要想和上级的交流既顺利又和谐，就必须掌握与上级交流的语言艺术。领导毕竟是领导，不要替领导做决定，我们可以把见解或是想法“移植”到领导的脑子里，引导领导说出你的决定，既实现了自己的想法，又给领导留足面子。

保罗年轻干练、热情开朗，是单位的主力干将。

不久前，新领导走马上任，新领导是个细心的人。

保罗接手了一个新项目，要去邻省谈判。保罗想，一行好几个人，坐公交车不方便，人也受累，会影响谈判效果；打车的话，一辆坐不下，两辆费用又太高；还是包一辆车好，经济又实惠。

有了想法以后，保罗没有直接去办理，几年的职场生涯让他懂得，遇事向领导汇报一声是绝对必要的。于是，保罗来找领导。

保罗把几种可能分析了一番，接着说：“综合考虑几种情况，我决定包一辆车去！”说完以后，保罗却发现领导的脸不知道什么时候黑了下来。领导生硬地说："我认为这个方案不好，你们还是打车去吧！"保罗愣住了，他万万没想到，一个如此合情合理的建议竟然被否决了。

"没道理呀，谁都能看出来我的想法是最佳的啊！"保罗大惑不解。

在这个小故事里，保罗错就错在措辞不当，保罗不应该在老板面前说"我决定如何如何"，这是最犯忌讳的。若是保罗采取请教或是商量的语气，结果就会不一样了。

和领导相处的确是一门艺术，同样的一句话，换一种方式来表达，所达到的效果就会完全不同。我们先来看一下"吸烟"和"祈祷"的故事。

有个教徒在祈祷时来了烟瘾，他问在场的神父，祈祷时可不可以抽烟。神父回答"不行"。

另一个教徒也想抽烟，问神父："在抽烟的时候可不可以祈祷？"神父回答："当然可以。"

同样是抽烟和祈祷，祈祷时要求抽烟，意味着对耶稣的不尊重；而抽烟时要求祈祷，则表示在休闲时也想着神的恩典，神父当然就没有理由反对了。

下面的这个故事和上面的有异曲同工之妙：

古时候有个皇帝，梦见他所有的牙齿都掉光了。

醒来后他立刻招来一位解梦大师，问这个梦意味着什么。"唉，真不幸啊！”解梦大师说道，“每一个掉落的牙齿，都代表着您一个亲人的死亡！”“什么？你这大胆的家伙！”皇帝愤怒地对着他大喊，“你竟敢对我说这种不吉利的话？快给我滚！”解梦大师被打了50大板，从皇宫被赶了出来。

另一位解梦大师应召而来，听完了皇帝的梦，他说：“皇帝，您将长寿百岁，您将活得比所有的亲人更长久！”皇帝的脸色由阴转晴，高兴地说：“解得好，请跟我的侍从去金库领取100个金币吧！”

在去金库的途中，侍从对这位幸运的解梦大师说：“就我听来，你所解释的和前一位大师所解的并没有什么不同啊！”聪明的解梦大师从容地答道：“话有很多种说法，问题就在于你如何去说！”

同样一句话，换不同的方式表达，就会有不同的效果。在与领导谈话时，有必要揣摩领导的心意，迎合领导的心思，然后再开口。否则，一言不慎，就有可能“惹火上身”。

别输在不懂沟通

版式设计：蒋碧君

文字编辑：于海清

美术编辑：罗筱玲